U0073476

1,030,000 人「守護香港反送中」遊行

揭開反送中運動序幕

包圍立法會

阻止「逃犯條例」修訂草案二讀

2,000,000+1 人「譴責鎮壓，撤回惡法」遊行

+1 是向「黃衣人」梁凌杰致意，
第一位以生命作控訴的抗爭者。

佔領立法會

宣讀〈香港人抗爭宣言〉 提出五大訴求

元朗黑夜

白衣人無差別攻擊市民 消失的元朗警察

8.18

1,700,000 人「止警暴 制黑亂」流水式集會

太子站事件

警察無差別襲擊乘客　事後流傳太子站打死人

周梓樂墮樓事件

科大學生停車場墮下重傷終不治　意外起因疑點重重

中大保衛戰

警察進攻中大校園　示威學生築防線對峙四天三夜

理大圍城戰

警方封鎖理大圍捕逾千人　十三天圍困陷人道危機

七一遊行

香港特區成立23周年紀念日 《港區國安法》實施的第一天

我們的
最後進化
OUR
LAST
EVOLUTION

序　戰鬥的命運

「訣別可能會提早到來。」是《數碼暴龍（台譯：數碼寶貝）Last Evolution 絆》中的一句對白。想不到，香港人真的要走上戰鬥之路，更可能要作出訣別。

坦白說，不是生於《數碼暴龍》的年代，只是看過首季的數集，我便長大了，過了看卡通的年紀。原來進化，從來都是悄悄發生。

二〇一九年六月九日開始的香港人進化，由加油、反抗到報仇，是我二〇一四年開始一年一書的時候，從沒有想像過的。當年香港人的象徵不過是雨傘一把，今日香港人的象徵卻已化成了豬咀、眼罩和頭盔，轉變程度不比阿古獸最後進化為人形獸。「傘下的人」的初衷，就是要記錄香港的轉變，為香港的歷史留下材料，自然不能錯過這場運動。

但要記錄這場運動，並不容易。首先的考慮，是要保護手足。在現時香港警察無所不用其極的手法下，為取得電話內的資料，由脅迫電話解鎖，到申請搜查令，反映保護受訪者的個人資料，在香港已經是一個莫大的挑戰。所以，我們唯有逃離香港，出走台灣，找來一間台灣出版社寫二〇一九年香港的故事。其實，不能在香港寫下香港的故事，也甚是悲哀。

更悲哀的是，「我們」正見證香港不斷地衰亡。《被時代選中的我們》，是香港人未能成功爭取民主的紀錄；《我們的最後進化》，就是香港人被奪去自由的日誌。《港區國安法》在前，往後香港人又背負多一個「顛覆國家」為名的枷鎖，可能令香港人以後沉默無聲，這書也可能就是我們送給香港的最後禮物，反正世界上可能很快就沒有香港，只有特區。

然而，「我們」是誰？

五年來，我們只是前後數十個不同的傳媒工作者，為同一個信念去記錄香港的人和事。但在此刻正在閱讀此序的你，「我們」又是誰呢？包括了兩百萬加一上街的市民？七百四十萬的香港人？兩千三百萬自由台灣的民眾？十四億的中國同胞？還是我們都是「遇怪魔我即刻變大個」的故事主角？

這就是我們為何要訴說我們的故事，就算終點不一定是煲底，至少記下我們曾經行過的路，記下我們是誰。

二〇二〇年七月一日　木

是你教我和平示威沒用的

受訪者｜傳道人 Elton Lo　撰稿｜迪

鬥獸場前的十字架

「叫你個耶穌落嚟見我吔。」

6.11

攝影 Paul Yeung

政府修訂《逃犯條例》，觸動基督教界神經，二〇一九年五月一群牧師及傳道人發起聯署反對修例，六月九日百萬人上街遊行後，晚上立法會一帶發生警民衝突，往後，政府總部外一連數晚舉行祈禱會。

六月十一日修例二讀前夕，天下雨，人落淚，兩千人在雨中禱告，教會傳道人Elton結束祈禱會前「突然間聖靈感動」，邀請信徒同唱〈Sing Hallelujah to the Lord〉，詩歌唱完一次又一次，最終無休止地唱了十小時，複沓的哈利路亞徹夜縈繞金鐘，暫且止住城市不安的脈搏。

禱告過後，香港人走進了鬥獸場。

五年前的雨傘運動，一群教牧現身金鐘佔領現場，曾唱着同一首詩歌，卻遭示威者「屌走」。「二〇一四好多教牧不知如何關心社會議題，有一晚好緊張，兩個大學校長（時任中文大學校長沈祖堯及香港大學校長馬斐森）去佔領現場勸學生走，當晚又說不知道會否出動解放軍，教牧同工走去唱歌，結果被人『屌走』了，覺得他們『離地』。」當時教牧唱誦的詩歌，正是〈Sing Hallelujah to the Lord〉。

五年過去，這首僅四句歌詞的詩歌，於二〇一九年反修例風暴中卻一唱爆紅，一度成為反送中運動主題曲，亦有人用來淨化警察心靈，更將「連登仔」（連登為香港最大網上論壇之俗名，抗爭運動期間重要的討論及行動組織平台）和「耶L」（基督教、天主教信徒）連結起來，這場持續超過一年的社運，正是由Hallelujah揭開序幕。

準備閉幕　卻成序幕

今年三十七歲的Elton，二十二歲大學畢業後便報讀神學，先後在兩間教會工作，他自言曾是「很膠」（天真）的基督徒，直至接觸基層多了才漸漸關心社會。三十名教牧發起聯署，反對政府修訂《逃犯條例》，Elton是其中一人，但眼見政府對各界聯署反應冷淡，他一早打定輸數：「好似他們數夠（立法會議員）票就會通過。」

他暗裡認為修例一定會通過，腦海同時浮現起五年前，一張張對政權失望、受傷的臉孔，「如果今次都面對同樣失敗結果，那他們會不會再跌得更深？很想透過教牧介入，能夠幫到一群關心社會的弟兄姊妹，在靈性上支援。」

Elton想起自己本業是祈禱及傳道，於是決定籌辦祈禱會，組織一場「屬靈運動」，祈禱會選址亦不再困在教會建築物內，反而來到金鐘，由香港基督教教牧聯署籌委會（現為香港教牧網絡）、教牧關懷團、香港基督徒社關團契合辦五場祈禱會，主題為「免於被擄的恐懼，同為這城求平安」。由六月九日百萬人大遊行當晚起，連續多日舉行。「香港是宗教集會自由的地方，在哪裡舉辦宗教活動應該都沒問題，所以選擇在政府總部外，與關心社會的弟兄姊妹同在，在政總辦祈禱會很Symbolic，和他們一起同行。」參與祈禱會的人數每晚遞增，由六月九日第一晚祈禱會只有一、二百人，到六月十一日晚約兩千人冒雨出席。

留守的歌聲

六月初夏，政府無視百萬人呼聲，如期在六月十二日將《逃犯條例》修訂送交立法會二讀，民陣因此發起包圍立法會。「過去我們好抽離，但（今次）有教牧在現場，同市民經歷事件，說不上犧牲，但是一種見證。」Elton認為，五年來有教牧逐漸放下心理框框與包袱，不再限於溫和地發禱文，反而敢公開譴責。二讀前夕的金鐘，市民特別是年輕人紛紛到來，準備通宵留守，防暴警察持盾戒備，鐵馬圍着政府總部和立法會，雞蛋與高牆之間的腥風血雨，如箭在弦。

六月十一日的晚禱會，由袁天佑牧師分享，晚上九時許，教會傳道人Elton一如過去幾晚祈禱會，上台報告及準備宣佈祈禱會結束，面向台下約兩千名信徒，他忽爾陷入兩難：「我們要和社會同行，但在一個如此緊張、甚至可能暴力會升級的氣氛下，我又作不出說：『大家祈完禱，回家走吧。』對我們處境不作回應。」

「突然間聖靈感動，不如我們在完結前一齊唱首詩歌，就〈Sing Hallelujah to the Lord〉，然後說：『今晚大家就持守美善，見證基督。』唱了兩三次之後，我和旁邊的弟兄姊妹說：『可以收拾了。』但現場弟兄姊妹膠著，不斷在唱。」Elton說，發起唱詩是無計劃無組織，又強調唱詩的意念並非出於自己。

距離第二日立法會開會尚餘十多個小時。

攝影　迪

「當晚各方在現場都傳來好緊張的消息，有示威者已計劃升級行動，闖立法會，不知哪兒有些大學生帶了工具來，現場好緊張。」數百人卻在沒有樂器伴奏下，反覆誦唱〈Sing Hallelujah to the Lord〉。中信天橋上、政府總部外均站滿唱詩的人，期間亦有非信徒加入。

踏入午夜，詩歌音量沒有減低，四重唱、和音、高八度，變奏版本百花齊放，歌聲、拍手聲，聲聲入耳，縈繞金鐘十小時，原本教人窒息的氣氛轉趨緩和。「我覺得是一件神奇的事，用一個宗教術語來說，即是上帝保守了這件事，當一班人好和平在唱歌，我覺得警察不會做什麼，本身想暴力升級的人又沒再特別involve事件，信仰氛圍令不同人經歷了平安的一晚。」信徒歌聲不絕如縷，網上討論區「連登」湧現大量感謝和欣賞基督徒的帖文，有網民稱：「以後不再笑你們耶撚（離地信徒）。」Elton樂見連登仔和耶L大復和。

耶L本是勇武

〈Sing Hallelujah to the Lord〉全首詩歌只有四句歌詞，當中的「Hallelujah」是希伯來文，意思是讚美主，放在二〇一九年的夏天，Elton這樣解讀：「當基督徒認信上帝，或者讚美上帝，就已經在對抗地上政權，初期基督徒為何會被逼迫：在古羅馬世界，君王等於上帝，你不想搞政治，但政權會覺得你不聽話。當我們唱這首歌，我們認清自己身分是天國子民，而不是中國公民、香港公民那麼簡單，故每次唱的時候，是一種對上帝的效忠，勝過地上一切政權。」

天亮起來，早上八時正，金鐘停雨，公民廣場外擠滿過萬人，「教會藉著首詩歌，能夠同公共社會連結，原來我們的信仰不是收藏在教會內，我們真的會同整個世界的人同呼同吸，一同受苦經歷絕望，其他人看到基督徒為社會守望，在負面氛圍看見到另一景象。」

不少人一邊唱詩禱告，一邊激動落淚，中文大學崇基學院神學院院長邢福增站在持盾警察前方講道，期間夏慤道物資站的負責人突然衝入祈禱會：「他氣沖沖說：『外面夏慤道在衝擊了，你們基督徒還在祈禱？你可否把麥克風給我？』」

Elton 聽罷，再次進退兩難，「我該給他嗎？他到時號召大家去衝擊，祈禱會教牧叫人去衝擊，那我就犯了『煽惑他人』罪名。但我們是否那麼『膠』？外面氣氛高漲，而基督徒平平安安在祈禱呢？」他決定跟負責人到夏慤道視察，確定示威者純粹在醞釀佔據馬路，便跑回祈禱會中間，示意講員盡快結束講道。未到九時，祈禱會提早完結。

聖詩再沒法帶來平靜

未幾，金鐘夏慤道被人群佔領，示威者表現振奮，公民廣場外再次傳來歌聲：「防暴一排變三排在政總步出，比較緊張，所以有教牧就全坐在地下，翹手一起唱〈Sing Hallelujah to the Lord〉。」一唱又是幾小時，教牧們在防暴警和示威者中間，見證示威者掘磚頭一幕。其後警方清場期間，教牧曾勸喻警方進一步行動前先作警示，惟遭對方挑釁說：「叫你個耶穌落嚟見我哋（叫你的耶穌下來見我們）。」

下午三時許，多枚催淚彈劃過金鐘半空，Elton只好與手無寸鐵的教牧退到位於灣仔的循道衛理聯合教會香港堂，繼續以詩歌和禱告，向上帝發出呼聲。

〈Sing Hallelujah to the Lord〉一夜之間，一唱而紅，其後有人自發到政府總部一帶唱詩，有人更向著警察唱〈Sing Hallelujah to the Lord〉，祈求淨化警察心靈，「初期有舒緩到衝突的，但到後期我們會被警察罵，他們覺得這首歌是咒語一樣，令到他們生煩，所以我覺得這首詩歌已完成了它的歷史任務。」

鬥獸場中，基督徒的歷史任務是抗爭，還是犧牲。

攝影 Ramsey Au

攝影 Ramsey Au

受訪者｜中槍老師 Raymond　　撰稿｜李由之

當活靶的老師

「與其要苟且偷生喺學校入面惶惶不可終日，不如先光復香港，改變整個教育制度，先可以令老師學生繼續享有教與學嘅自由。」

6.12

攝影 Paul Yeung

六月九日民陣號稱百萬人大遊行，沒有動搖香港政府及立法會於六月十二日就《逃犯條例》作二讀的決心。縱香港廣泛民意反對修例，惟在立法會內，建制派議員佔大多數，政府二讀通過機會極大，迫使學界、民陣等團體以街頭抗爭，號召學生及民眾包圍立法會以阻止議員進入議會。

當日下午三時要求政府宣布「撤回修例」死線將至，政府紋風不動，示威者行動升級，年輕人持磚頭、推鐵馬，分別從添華道、龍和道、立法會正門和停車場入口，多方面攻向守衛立法會的警方防線。

下午三時四十分，「碰！」添華道爆發第一枚手擲催淚彈，示威者掩鼻抱頭稍退，待催淚煙散開，又再攻上前線。

「我眼部中槍，很痛。」下午近四時，一名男子於示威現場掩著血流如注的右眼，邊述說著自己傷勢。自一九九七年回歸以來，香港警察首次以槍械射擊本地政治訴求示威者。「見到警方舉槍，子彈從槍管飛出，見到的，好有電影感。」當活靶中槍的教師Raymond，一年後接受訪問憶述當時所見。

六一二當日到過立法會一帶的人，不會忘記飄揚於金鐘的催淚煙、刺鼻的氣味、不絕的爆破聲。

經歷過二〇一四年「雨傘運動」的人以為，手擲式催淚彈已屬警方對付示威市民最高的武力。然而，我們最後看到的，是香港警察手持防暴槍、催淚彈發射器，有目的地用催淚彈代替子彈，瞄準示威者發射。有人形容，警察當時眼中的示威者，是「活靶」。

據香港警務處後來公布，警員當日施放了兩百四十枚催淚彈、二十發布袋彈及數發橡膠子彈。大家都沒想過，警方會動用如斯強大的武力對付本地示威者，包括示威者Raymond。

阻延立法的唯一方法

當日清晨，通宵留守的年輕人頂住睡意，守住立法會外圍，警方早已囤重兵，守住立法會、政府總部、行政長官辦公室的出入口。自六月九日開始已參與反修例大遊行的中學教師Raymond，由於當天校內考試，他並非監考員，毋須上學，「沒有理由不去。」他事後回想，總覺得一切都似有安排。

「我本身估算不會太激烈，只是阻撓開會，沒想過那麼激烈。」他於早上八、九時到達現場，形容當時偶有零星警民衝突，但大致平和。Raymond於中午十二時左右，一度離開現場到銅鑼灣吃午飯，「本來想過不再回去了，因為現場已經好多人，多我一個不多。」

當日幾乎全港餐廳電視機都播放著新聞，Raymond一瞥螢光幕，其中一個場景是建制派議員坐在巴士上，由警察護航，「好像是隨時要入立法會開會，姿態像說：我不會理會你們市民反對，有機會我就來。這是我接受不了的。」

Raymond又返回現場。

抗爭　只為了下一代

他說，自己從來不是「勇武派」，身為教師的他，心疼年輕人，在現場為中胡椒噴劑的人洗手洗眼、搬運物資，「都是我在雨傘（運動）學過的事，再次應用而已。」

下午的金鐘，悶熱、無風。示威者與警方防線對峙多時，雙方均按捺不住，示威者一方尤為躁動。示威者Be Water，聯繫他們的，是網路平台「連登」和手機軟件「Telegram」。

下午三時，示威者予政府的死線已過，未獲「暫緩或撤回方案」回應，網路上號召行動升級，示威者衝向警方防線，以雨傘、鐵馬、磚頭，硬撼警方揮如雨下的警棍。

一張張年輕人面孔，在政總前不斷掠過：一個年輕人倒下，血流披面，被人抬往後方，又有年輕人補上，前仆後繼，不停重複。後排的年輕人組成人鏈，向前線傳水、頭盔、雨傘。

近四十分鐘的攻防戰，約三時四十分，駐守於警察總部內的警員，隔著欄杆，朝示威者所在方向投出最少五枚催淚彈。

其時，示威者只有簡單裝備：工地用的頭盔、外科口罩、雨傘（防毒面罩、護甲等都是後來才有的），難抵抗濃烈的催淚煙。一眾示威者後退，警方亦將防線後撤，警員回到政府總部的欄杆後，閉門不出。

示威者以為終於攻破防線，大舉進攻，一度包圍政府總部，Raymond亦與一眾年輕人往前，一度以為警方敗退。

攝影 Imen

看得見的武力

原來一切只是請君入甕，當示威者仍未站穩陣腳，警方「特別戰術小隊」（因其配裝有「速龍」標記，俗稱「速龍小隊」）從另一方的龍和道攻入，向聚集於政府總部外的示威者發射催淚彈。示威者驚魂未定，撤回政府總部內的防暴警員亦突然奪門而出，兩面夾擊示威者。示威者面對一輪的催淚彈，慌不擇路，更有甚者，兩方面夾擊的警員，都手持長槍。

「當時見到警員持著防暴槍，大家都驚呆了。」Raymond說，警方武力的突然增加，令現場一片恐慌，「說真的，沒想過警方真的開槍。」

年輕人爭相逃跑，有的拉著身邊人，有的人留守前線，冀為後方的人爭取更多逃走時間。Raymond其時亦正後退，突然看見一名警員擎槍指向他。

「見到對方開槍的，清楚看見子彈從槍管飛出，見到的，好有電影感，一團物體飛過來，趨近我時再散開，內裡數枚子彈分散向我飛射過來，突然我右眼超級痛，胸口也是。後來才知道是催淚彈，應該是一枚大彈團內有五枚小的，一枚中了我右眼，一枚中了胸口。」

Raymond憶述，當時自己大叫：「我中槍了！」身邊示威者舉機拍攝他右眼滲出大量鮮血，他在鏡頭前清晰地訴說自己傷勢。片段在網路瘋傳，香港人、示威者、全世界都知道了：

香港警察向香港示威者開槍。面對不對等的武力、不絕於耳的爆破聲、漫天的催淚煙，示威者節節敗退，已無陣勢可言，只知道奪路逃生。

人人都是暴徒

受傷的Raymond當時獲得一名護士協助急救，對方告訴他：「必須要進醫院。」然而，深知救護車難以駛入「戰場」，遂在朋友安排下，Raymond乘私家車到了瑪麗醫院。屬緊急個案的他，未幾即獲進行眼科治療，當時，警方亦尋到了他，更事先向他警告：「我們會用暴動罪拘捕你。」那時，Raymond才著實感受到事態嚴重：「我出來都是示威，根據雨傘運動，其實是沒風險的，但警方說用暴動罪拘捕我，我才想到：這次代價，會否太大？」

治療後，警員將他鎖上手鐐腳鐐，在押解下離開醫院，「像重犯一樣，」Raymond記得，醫院的人向他投以奇怪目光，「自己是一個教師，為何要這樣鎖住我？」後來到警署，Raymond在律師陪同下錄口供，後來獲准保釋，不時要到警署報到。到了十月，自忖當時沒攻擊警方、不構成暴動的Raymond決定不再續保：「示威口號是『沒有暴徒、只有暴政』，我也不認為自己是暴徒，因此沒有再續保，我覺得自己是release了。」

後來，與律師商量下，Raymond決定入稟反控告警方無理傷害他，截至二〇二〇年六月，案件仍在排期上庭。

Raymond傷勢稍緩，亦未被起訴，但又捲入另一教育風波。

不忍唾棄制度的建制派

回歸後的二〇〇五年，特區政府作教育改革，倡議引入「通識科」，要求學生了解時事、有批判思考，並於二〇一二年將中、英、數學、通識列入四大必修科之一。Raymond就學時，適逢其會，修讀了通識課。「當時從考卷中讀到『民間電台』的案件，有人為了自己的價值，不惜違法也要作廣播，對在屋邨長大的我像開竅一樣。」

及後，他於讀大學時選修社會科學，立志當通識科老師，畢業後，更當上香港著名女校的通識科老師。「通識科」的原意，是讓學生熟知社會、關心社會事，並抱持批判性思考。但於二〇一四年雨傘運動後，建制、親中派看到學生們「醒覺」，開始紛紛指責「通識科教壞學生」，更有人鼓勵學生、家長「審視老師教材並作出舉報」，尤如文革，繼續成為「活靶」。但任教七、八年的Raymond說：「我沒有收過任何一個投訴。」

好景不會每日常在，自Raymond中槍、教師身份曝光後，親中派開始對其騷擾，更找到他編寫及出版的教材，雞蛋挑骨頭式地找他教材中的「錯處」、「偏頗之處」，大篇幅報導。Raymond說：「我教通識，當然羅列正、反雙方理據，有些事件，我會寫出親民主派立場，同樣也會寫出建制派立場，我寫得比建制派更建制，理據更充分。」

面對愈收愈緊的「教育紅線」，任教通識科的Raymond也自知該科面臨「生死存亡」的階段，「現在是昇華到『政治問題』，如我想繼續教通識，可以苟且偷生找一家學校去教，抑或：我可以做多一點，先改變制度。很多人說要光復香港，要政府聽民意，我希望略盡自己綿力，先光復香港，令政府肯定通識科的意義，令通識科長治久安，好過日日在教、但不知何時會『被摺科』（取消課程）。」本為老師的Raymond，高薪厚職，又有自置物業，生活本無憂，何以走上街頭？

「我是飲水思源的人，香港教育制度給予我很多，我在公立醫院出世，受免費教育長大，讀大學也是政府資源，當老師的工資大部份來自公帑……我本身是這個制度的受益人，但如有人想傷害這個制度，如有勢力去挑戰這制度，令一些不公平問題出現，看見一些靠群帶、沒能力的人上位，我會用盡我的力去捍衛這個制度，守護香港。」

Raymond最後笑說：「維護本身我們制度的優良，我才是建制派。」

受訪者｜伍桂麟　撰稿｜翎

平台上的
黃色雨衣

「全面撤回送中、我們不是暴動、釋放學生傷者、林鄭下台、**Help Hong Kong**」

6.15

攝影 Wing Tung

二〇一九年六月十五日，

金鐘太古廣場，一位身穿黃色雨衣的男子從平台一躍而下，

成為反修例運動中第一位犧牲者——「黃衣人」梁凌杰。

這天以後，黃色雨衣的背影成為香港抗爭歷史的符號。

六月十五日以前，香港人經歷了香港抗爭史上最大的挫敗。六月九日，香港動員了一百萬人上街要求撤回惡法，換來政府於當晚十一時發聲明宣布如期二讀草案。為阻止二讀，六月十二日市民在金鐘一帶集會，期間有人衝出馬路及進攻立法會，遭警方以催淚彈、布袋彈及橡膠子彈鎮壓。

面對政府以強硬手段鎮壓示威，加上政府宣布「暫緩」修訂，抗爭進入瓶頸階段，民陣號召六月十六日「譴責鎮壓，撤回惡法」大遊行，但民間反應已因「暫緩」降溫，一方面部分市民無奈接受政府讓步，另方面眼見一百萬人遊行亦無法讓政府撤回草案，對示威遊行的作用抱疑。運動陷入史無前例的絕望，討論區上開始出現自殺告文，部分是對運動感到氣餒，亦有人表示願以死相諫。

直播

六月十六日「譴責鎮壓，撤回惡法」大遊行的前一天，二〇一九年六月十五日下午四時許，各個媒體直播視框聚焦同一畫面，一位身穿黃色雨衣的男子危站在金鐘太古廣場高逾二十公尺的臨時工作平台，並在棚架掛上寫有「全面撤回送中，我們不是暴動，釋放學生傷者，林鄭下台，Help Hong Kong」的橫額。黃色雨衣男子危站的消息，亦在主流媒體新聞平台推送，成為當天全港關注的事件。

危站期間，立法會議員鄺俊宇三度向警察要求與黃雨衣男子直接對話，但被警方拒絕。鄺俊宇只能留在對面人行道用揚聲器叫喊，呼籲：「下來，我們明天一起去遊行。」然而聲音未能清楚傳到太古廣場的平台。

晚上八時許，男子脫下黃衣坐在平台休息，約九時，他突然爬出棚架，消防員嘗試將他拉回不果，他的上衣被拉脫後墮下，跌落安全氣墊旁之人行道，目睹過程的鄺俊宇激動痛哭。男子被送往律敦治醫院搶救後證實不治，成為反修例運動中首名死者。

消息傳開，當時新聞仍以「黃衣男」、「雨衣男」等稱呼作相關報導。

當晚香港一片哀聲，網上出現悼念文宣及畫作，以黃色雨衣為記號。同日死者身份亦被確認公開，這名黃色雨衣男子為梁凌杰先生。

梁凌杰，生於一九八四年三月七日英屬香港，卒於二〇一九年六月十五日，終年三十五歲。

梁凌杰先生的犧牲，激發了翌日兩百萬人上街遊行，民陣以「兩百萬加一」宣布遊行人數，向梁先生致敬。終於，在兩百萬人上街的空前壓力下，林鄭政府當日宣布「已停止」修例工作，並向市民致歉。

在梁凌杰先生死後的一天，他臨終親手寫下的「全面撤回送中」訴求，終於得到回應。

跳下來

梁凌杰先生的離世，對香港帶來前所未有的震撼，意味著香港抗爭運動由過往推崇和平示威，過渡到準備流血犧牲的抗爭意識。

香港資深遺體修復師及生死教育會長伍桂麟從六月十五日當日下午開始關注新聞，從觀看直播中，他推測梁先生墮樓機會很高。他表示，從梁凌杰先生的抗爭行為，包括選擇金鐘這個極具標誌性的地點、清晰明確的標語、連最後的衣服亦選擇顏色最鮮明的黃色雨衣，這些都顯示梁凌杰先生當時的理念十分強烈。

伍桂麟從新聞直播畫面中直接看見梁先生墜樓的一刻，他觀察到梁先生墜樓時身體向後並且後腦著地，死亡意志堅決，搶救成功的機會很低。最終梁凌杰先生於香港灣仔區律敦治醫院宣告不治。

梁凌杰先生的死屬於「利他型」自殺，借自殺表達訴求，希望為在世的人換來理想，歷史上也不少例子，以死亡將抗爭運動提昇到另一個階段。伍桂麟說：「正如電影《十年》裡面的自焚者，想不到十年的一半也不用，就真的出現。」從事生死教育多年的伍桂麟對自殺行為十分理解，他說當社會運動膠著：「用過好多方式去爭取，都沒進步，甚至倒退，就會生出自殺念頭。」自殺是因為絕望，亦是希望為生者帶來希望。

梁凌杰先生離世後，伍桂麟曾考慮應否站出來為他打點身後事。當時他留意到不少組織正聯絡梁先生家人，伍桂麟憂心事件若捲入了政治組織之中，會讓事情變得更複雜。於是他聯絡六一二基金會，由於伍的殯殮專業背景，梁先生家人信任並交給他主理。伍桂麟陪同梁先生家人見法醫、警察、處理法律程序，並協助告別式的安排。

修復

梁淩杰先生的遺體修復工作由伍桂麟處理，進入修復室之前，伍桂麟在臉書已看過梁先生生前的樣貌，直至看見眼前的遺體，在重重傷痕以下，仍然能認得出來。除了墮樓造成的創傷，由於梁淩杰先生屬於非自然死亡，因此需要剖屍檢驗。伍桂麟感觸說：「他在死前已經面對這麼多創傷，死後還要增添這麼多傷口。」

「會感覺到痛。」伍桂麟說。伍桂麟日常處理的九成也是長者自然死亡的遺體，面對年輕死者會特別感觸，尤其如梁淩杰與自己差不多年紀，看見這樣的滿身傷口，會感覺痛。

伍桂麟說，沒有一個遺體可以完美地回復本來的面貌。「沒人製造創傷，就不需要有人修復創傷。」他慨嘆，梁浚杰的犧牲、整場運動對香港人留下的創傷，香港人日累月積地承受，只有公義得到彰顯才能修復。

殉道者

雖然警方提出要求不進行公開悼念，但伍桂麟堅持要舉行公祭。梁淩杰離世觸動全港，他作為一個殉道者，「因為死者為對抗政府以死明志，這已是一個公眾人物的死，不再屬於一件『家事』。」

治喪期間，他們亦不敢刻意用「烈士」作稱謂，怕引發更多人仿效。伍桂麟說，公祭本來有一種集體療癒的作用，「參與一起悼念，看到大家還記得這個人，大家在儀式內會感受到好深的連繫，會有情感上支持。」

與家人商討後，梁凌杰先生的公祭設於香港殯儀館外球場。然而，考慮到其時社會情緒緊繃，同時考慮到家人的巨大壓力，他希望梁凌杰先生的告別式以平穩氣氛進行。伍桂麟說：「父母不想高舉兒子作聖人，只希望香港人可以記得他。」

公祭在二〇一九年七月十一日舉行，梁凌杰先生的父母對香港人寄語：

「感謝社會各界人士悼念杰仔，每一位善良的香港人，包括兒子在內，都希望香港能變得更好，讓每人都能安居樂業、自由發聲；而每一位勇敢走上街頭的市民都是因為深愛香港。年輕人要好好保全自己，活下去，才能繼續為社會不公不義之事勇於發聲。」

犧牲的意義

伍桂麟說，為抗爭而殉道，在歷史上也不罕見，然而看到歷史在香港重演，只能說感觸。梁凌杰先生身故後，社會間自殺情緒爆發，討論區、群組中傳出不同人表示有尋死念頭，以及親友準備尋死的求救信息。

事實是，公開資料顯示：至少五名年輕人，在去年，自殺前寫下反修例口號。伍桂麟表示理解這種想法：「在絕望之中堅持，當沒結果，最後同歸於盡。」他更收到不少人向他查詢應該如何處理遺書，部分希望尋死，另一部分是做好了在抗爭中犧牲的準備。他提供資訊的同時，亦希望年輕人能再三衡量生命與抗爭之間的輕重。「用死去表達訴求，我會覺得尊重、可敬，但不希望見到。」

在台灣戒嚴時期，鄭南榕面對打壓而選擇在《自由時代週刊》雜誌社內自焚而死，他的犧牲使台灣從此不再壓制言論自由，而鄭南榕逝世日被定為「言論自由日」。然而，亦非每一次自我犧牲都能讓公義得到彰顯，如在西藏，多年來已經有過百名藏人自焚，卻依然被政權漠視。

犧牲的意義孰輕孰重，我們沒有答案。但可以肯定的是，正如伍桂麟說：

「香港的歷史，梁凌杰有份。」

附錄：後來者

盧曉欣，二十一歲，二〇一九年六月二十九日下午近四時，在粉嶺嘉福邨福泰樓的高處墮下，墮樓前在後樓梯間的牆壁上用紅筆上寫上遺言，其後被擦去：

「致香港人：

雖然抗爭時間久了，
但絕對不能忘記
我們一直以來的理念，
一定要堅持下去。

強烈要求全面撤回條例
收回暴動論釋出學生示威者
林鄭下台　嚴懲警方

本人願可以小命
成功換取二百萬人的心願
請你們堅持下去！

曉欣」

鄔幸恩，二十九歲，二〇一九年六月三十日，在中環國際金融中心商場四樓平台墮下救後不治。在個人臉書留下遺言：「香港，加油。我希望可以看到你們的勝利。」

麥小姐，二十八歲，二〇一九年七月三日凌晨。在長沙灣住所墮樓身亡，墮樓前在房間留下字句：「不是民選的政府是不會回應訴求。」

范遠聰，二十六歲，二〇一九年七月二十二

攝影 Wing Tung

日，因反送中的立場與家人政見不合，發生爭執而被趕出家門，最後在大廈高層後樓梯高處墮下搶救不治。

郭先生，二十五歲，二〇一九年八月二十六日晚上九時許，從觀塘順天邨天韻樓高處墮下，倒臥大廈天井證實死亡，遺言節錄：「香港人為香港付出左幾多，得返黎又係幾多，出過聲，流過淚，受過傷，流過血，但係出黎既結果永永遠遠都唔係你所想！香港人未輸，邊個撐到最後邊個就會贏，香港人加油！」

何小姐，二十七歲，二〇一九年九月四日晚上十一時，於粉嶺嘉盛苑嘉明閣二十一樓危站輕聲說：「香港人加油！」後便一躍而下當場身亡。

攝影　香沫路

LEGISLATIVE COUNCIL
OF THE HONG KONG SPECIAL ADMINISTRATIVE

受訪者｜流亡者Peter　　撰稿｜江穎怡

從流水到流亡

「我帶住佢喺身上，希望自己去到邊都會一直記得自己嘅身份。唔好輕易忘記因為抗爭付出咗好多，唔好只係諗住盡快成為台灣人，我唔想忘記自己係香港人。」

7.1

攝影 香沫路

「那天，我是一個剛剛加入勇武抗爭的新手。」Peter在二〇二〇年，談起二〇一九年七月一日，好像只是昨天的事，卻又彷如隔世。可是如今的他只能在彼岸臺灣追憶往事。

十多年來，每年回歸紀念日香港人都習慣了這樣度過——上午慶回歸，下午大遊行，晚上放煙花。但是，二〇一九年有點不一樣。

清晨，灣仔會展雲集數百高官巨賈，隔著屏幕觀看升旗禮轉播。場外警方重重佈陣，以防示威者靠近慶典。與此同時，相距約一公里的立法會一帶已聚集不少示威者，在警方防線前蠢蠢欲動。俗稱「煲底」的立法會停車場之外的旗杆上，五星紅旗換成一面黑洋紫荊旗，與旁邊被下半旗的香港區旗一同飄揚。

立法會本是下午七一大遊行的終點，但一批年輕人早上已在該處聚集，並嘗試衝破警方防線，攻入正在舉行升旗儀式的金紫荊廣場。然而，面對警察強大的武力，年輕人無功而還，部份更被胡椒噴劑與警棍所傷。

是你教我們和平示威沒用的

下午，由民陣發起的遊行，隊伍在維園起點還沒出發，立法會外已經人頭湧湧，看上去幾乎都是年輕面孔。Peter戴著黃頭盔和N95口罩隻身到了現場，在人潮中等待一個未知的行動。

「因為經歷了六月之後，我覺得已經可以Skip遊行，直接到終點等待行動。」不少人跟他一樣做好心理準備，希望在這個極具標誌意義的日子，為反修例運動尋找突破口。可是Peter沒料到，這個破口出現在立法會的玻璃門上。部份示威者在立法會商議下一輪行動，投票選出：衝擊立法會。

勇武示威者分布立法會不同出入口，以鐵棒、手推車衝擊立法會玻璃門。他們不理會議員勸阻，一整個下午均在衝擊。其時，立法會內有多重警員手持盾牌戒備。至入夜後，立法會大樓玻璃被敲碎，大樓內的警察卻突然棄守，令示威者成功攻佔了議會。

Peter是先頭部隊之一，這是他第一次踏足議事廳。當然，他從來沒想像過會以此方式實現。他稱自己為勇武派，縱然事前沒有參與衝擊，但決定踏進立法會的時候卻沒半點遲豫。「當時大家戰意很高昂，始終多年來示威也未發生過，進去一刻覺得是很大的成功，很震撼。

震撼不是覺得居然有人這麼做，而是終於有人敢做了。」立法會長年以來都是抗議目標，大大小小的包圍、衝擊不是新鮮事，但佔領確是回歸以來首次。

Peter形容，佔領立法會後，最初一眾示威者各自行動，沒有任何組織和計劃，「都會有少許迷茫的感覺，因為大家都不知道要佔領多久。」他周遭的示威者有的噴寫標語，有的破壞畫像和設施，有的把示威物品搬進大樓。而他則獨自遊走，把監視器一個一個塗黑。雖然行動沒有組織，但Peter認為目標很明確。「當天多數人都同意要有操守，不可盲目破壞。有人不斷呼籲大家不要『爆』古董，說我們進來的目的是要針對反抗對象，即是林鄭月娥和建制派，要破壞也只會破壞與他們有關的東西。」平日公眾止步的議事廳和前廳面目全非，牆上寫著「官迫民反」、「垃圾會」、「you ask for it」等的怒吼，還有令人印象深刻的：「是你教我們和平示威沒用的。」不滿政府自反修例風波的半個月來未有回應示威者所有訴求。

堂皇的議事廳內，建制派議員座位亦被塗上粗言。回歸後歷任立法會主席的肖像統統被毀，只有港英時期的施偉賢及黃宏發兩名前主席倖免於難。

新聞畫面中，一個個破壞大樓的動作、一個個滿目瘡痍的「災後現場」，成為七一夜的標誌。「當時在腦海中浮起的，是雨傘運動後的打壓，更多的是二〇一六年『魚蛋革命』入獄的手足。」

佔領現場卻交織著複雜的情緒，Peter認同他們的確是在破壞，但是破壞的是「長年失能的議會制度」，他們要向政權證明示威者有能力做得到。眾人既為了爭取反修例運動的訴求，也是二〇一四年後壓抑多時的一次山洪暴發。

難忘現真身　讀出「五大訴求」

對Peter來說，事過境遷後仍然無法忘記的兩個畫面，都與人有關。「最深刻是梁繼平脫下口罩那一刻。」他不加思索地說：「他那抗爭的決心比許多人準備得更好，走得更前。」前香港大學《學苑》總編輯、當時是華盛頓大學政治博士生的梁繼平，在議會廳內宣讀抗爭宣言，提出五大訴求。他更在鏡頭前露臉呼籲示威者留守：「我脫下口罩是想讓大家知道，其實我們香港人真的沒有東西可以再輸了，我們香港人真的不可以再輸。當我們再輸，是十年，你們想想看是十年，我們公民社會就會一沉百踩。」

梁繼平現真身，示意不畏抗爭以外，也代表他已有被拘捕及檢控的準備。事後，他離港赴美。

形容自己當時是「勇武初哥」的Peter說，這一幕是大家始料不及的。「很影響我以後的心態，更放膽出去抗爭。」他解釋：「當看見他一個人押上自己的前途、現在擁有的一切，為香港這麼做，那麼一個普通人都做得到，大家都可以。」

齊上齊落　不止口號

當時示威者已經佔領了立法會一段時間，梁繼平發言後場內一度掀起「去或留」的辯論。Peter步出大樓的時候，只是想要看看外圍的情況，沒有想到這會是一場短壽的佔領。但隨著時間愈晚，清場風聲愈緊，撤退的示威者也愈來愈多，但還是有年輕人在立法會四周重複高叫：「一齊來，一齊走。」

晚上十一時，防暴警察在催淚彈掩護下，分

攝影　江穎怡

成小隊多方迫近立法會，Peter突然聽到有示威者大喊：「裡面還有四個不肯走啊，大家一起進去拉他們吧！」絕大部分人都撤離立法會後，四名示威者堅決不退，幾十名已經離場的示威者決定重返大樓「營救」。電光火石之間，Peter說沒有考慮被捕的風險，便馬上隨大伙衝進議會廳。「我只是想著要比警察快。」他笑說，「因為『齊上齊落』口號不是用來叫的，我們真的要做出來，純粹是這麼想。」

他憶述，留守者的態度很強硬，前來營救的眾人一開始不斷勸說。「我跟他們說，一定要一起走，我們不會扔下你們之類的話。不少女手足情緒有點失控，跪地求他們走。」但由於清場在即，不久有男示威者提議眾人合力抬走留守者，一行人就這樣一同退場。這段經歷成為Peter另一段最難忘的回憶。二十七歲的他笑言自己在示威者中已算是「老一輩」，佔領當晚其中一名已為人父的留守者，更加堅定了他要為「下一代」抗爭的信念。「如果我們現在不開始做，當強權蠶食得愈深，下一代就要花愈大力氣抗爭。」

七一佔領議會一役，寫下香港歷史上的第一次。特首林鄭月娥聲言會「追究到底」，事後拘控多人，包括港大學生會前會長孫曉嵐、一名城大學生記者，以及藝人王宗堯等，他們最初被控「進入或逗留在議會廳範圍罪」。至事件一週年前夕，當中十多人遭加控「暴動罪」。

無論從行動和參與者的結果來看，顯然那一夜並沒有如部分示威者所期許，可成為台灣太陽花學運的翻版。Peter覺得可惜，但是他仍然認為是成功的。「這是我第一次參與激進抗爭，佔領行動的確曾經使警察和政府退縮，那以後我更加相信要走這個方向。不止是我，這件事也影響了很多人，從而引發七、八月的大型抗爭。」

勇武之後 流亡台灣

隨後半年，Peter由初哥成為抗爭常客，走遍港島九龍新界大小戰場，最激烈的衝突幾乎無一缺席；但他也沒料到，那些日子卻成為他的告別之旅。

因為開始被警方追查，他決定避走台灣。匆匆回家拿護照，沒多少天就坐上單程客機。本打算暫避風頭，後來發現已被警方鎖定身份，改變主意決定落戶寶島。「覺得很遺憾，因為香港未打完，在我們的角度來看是半途而廢。」昔日豪情壯語，今日難免成為包袱。這是逃避嗎？他聽罷卻不猶豫：「不是，因為我不相信香港的執法者，也完全不相信司法機關會有公平公正的裁決。」反修例運動案件陸續開審，多個示威者被法庭判入獄，香港傳來的消息令Peter更相信離開是正確的決定。「離開是為了留住意志和軀體，將來有用之時再回去救香港。」

與香港鄰近、兩地沒引渡條例的台灣，是最熱門的流亡目的地，民間團體估計超過二百名香港示威者逃到當地。在台灣與Peter碰面之際，他已經申請了大學碩士課程，正在等候錄取結果。雖然獲得自由，但衣食住行每個生活小節都依賴民間團體的資助。相比流亡到其他國家的示威者而言，他們已經算是幸運的一群，至少在台灣能獲得更大的關注度和支援。

在香港已經工作幾年的Peter，以往沒想過重返校園，但一場運動改變了他的下半生。「雨傘運動的時候我是和理非。其實在去年參與抗爭之前，本來已疊埋心水（一心一意）跟隨香港人條path，工作、買樓、供樓，現在所有的轉變是完全沒有想像過。」離開了陪伴自己成長的一切，他現在只能隔著手機屏幕延續那僅餘的連結。「最大的遺憾是……沒辦法送每一個入獄手足的囚車，他們值得更大的關注。」Peter臨別香港前做的最後幾件事，其中之一是探望在荔枝角收押所候審的「隊友」，後來他在台灣得知對方認罪入獄。

歸期未有　惟有思念

運動一年以後，逃亡的不止勇武派，《國安法》之下更多人盤算移民。Peter說已經預計歸期更無期，但是他仍然深信終會有回家這一天。在台灣的生活尚算適應，但每每被當地人問及來台的原因時，他總有無盡的難言之隱。「在台灣對自由的感受很深，很感激這裡幫助我們的每一位。但我目前無法當這裡是家，我還有回去抗爭和出力的感覺，香港始終是放在第一位。」縱然許多「隊友」入獄或流亡，他相信留在香港的前線同伴不會輕言棄戰。「有投入過很多的都不會想移民，因為大家都不甘心。」

有人說，移民的人，手上總有兩隻手錶，以提示自己老家的時間。台港兩地沒時差，但Peter走在台灣街頭，背包上總是掛著一個小小的「勇武派」泥膠娃娃。對於所餘無幾的他們來說，能夠隨身的似乎就剩下信念。「我帶著它在身上，希望自己到哪裡都會一直記得自己的身份。不要輕易忘記因為抗爭付出了許多，不要只是想著盡快成為台灣人，我不想忘記自己是香港人。」

二十七歲的Peter說，希望五年後能夠回家。真的那麼樂觀？他沉思了一會：「其實有心理準備一輩子回不去。」曾經站在最前線，轉眼卻退至大後方，這種說不清的糾結恐怕很難解開。靜默片刻後，他徐徐地說：「前線一定會打到尾，我還在等香港贏的一刻。」

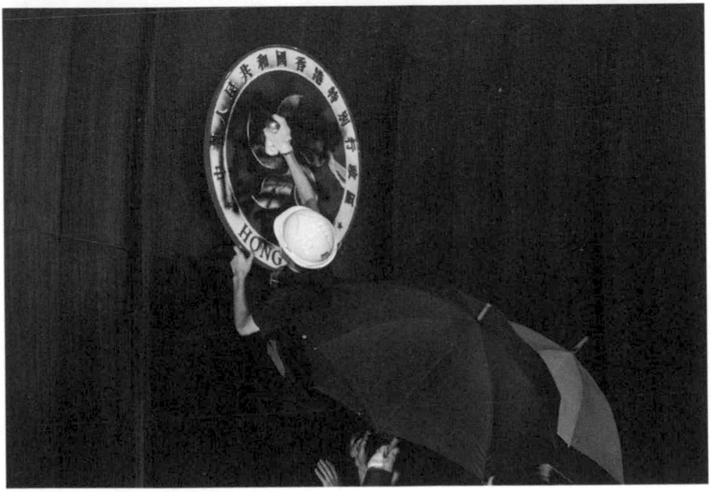
HONG

HK

I ♥ HK

破壞文宣

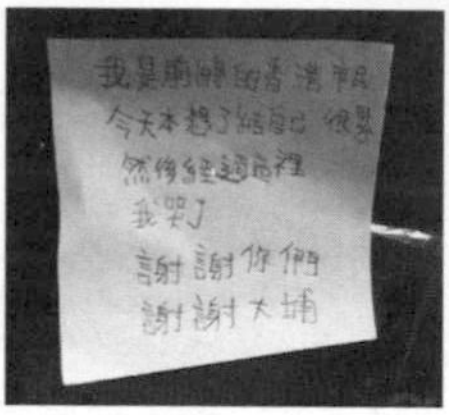
然後經過這裡
我哭了
謝謝你們
謝謝大埔

撕不去香港人追求民主的決心
請保持環境衛生，請勿亂拋

受訪者｜區議員L及一班守衛連儂隧道的大埔街坊　　撰稿｜郁

貼與撕
之間的輪廻

「你撕完我轉頭咪貼返囉，好小事啦。我哋守嘅係人，唔係死物，唔係牆。唔係因為有希望先堅持，係堅持落去先有希望，歷史會還我哋公義。」

7.9

攝影 L

在貼與撕之間的無間輪迴，連儂牆呈現出香港人無比的創意和恆心。你有你撕，我有我貼。Memo紙（便利貼）太易被撕走嗎？慢慢進化到用貼紙，甚至有心人會為整幅連儂牆封上膠片，好好保存。Memo紙後來成就了「馬賽克大型畫作」，然後香港人不甘平凡，立體文宣橫空出世，各區連儂牆儼如美術館。

二〇一九年春天，連儂牆在金鐘政府總部外重生。但於六月底，親政府組織在金鐘添馬公園舉辦支持警察集會，大量親中、親建制、支持警察的人於集會前後，撕毀連儂牆的貼紙。七月二日，政府再派員清理，網民遂呼籲連儂牆「遍地開花」，接下來一周內，Memo紙散落至全港十八區。

縱然政府、親中人士多番清洗，但連儂牆仍留有一層又一層貼與撕的痕跡，提醒著往來的行人，二〇一九年香港人曾成就無數的不可能。

時代再興衰　不必失據　只管拼命追

真．連儂牆（Lennon Wall）本是捷克首都布拉格修道院大廣場的一堵牆。一九八〇年，

The Beatles成員約翰・連儂（John Lennon）被槍殺後，捷克民眾在市內這堵牆上，畫上連儂的肖像、塗鴉以作悼念，借此抒發對當時共產政權鐵腕統治的不滿。其後，牆上出現更多追求民主、自由、人權的字句及塗鴉。捷克連儂牆慢慢成為民間抗爭的象徵。

二〇一四年，香港爆發雨傘運動，連儂牆的概念飄洋過海於香港「落腳」。香港人用七彩的Memo紙寫上民主訴求，一層又一層地貼滿金鐘通往政府總部的樓梯外牆。另外兩個佔領區，旺角和銅鑼灣也出現較小型的連儂牆。奈何雨傘運動未竟全功，Memo紙也一一被拆下。

捍自由　來齊集這裡　來全力抗對

二〇一九年七月九日，大埔墟港鐵站附近的行人隧道已成為了香港最標誌性的連儂牆，各式各樣的文宣一直伸延至隧道各個出口。牆身初時貼滿Memo紙，後來出現大型畫作甚至立體紙製模型，規模之巨在香港數一數二，已經超越了「牆」的定義，所以被命名為「連儂隧道」。

「據我所知大埔連儂隧道是沒『大台』（主辦單位）的，真的是街坊純自發參與，誰有空誰就來幫忙，好『烏托邦』。」當時久不久會到場坐坐，現時是區議員的大埔街坊L說。

L說，常去幫忙的核心街坊應有五十至六十人，高峰時期有近百人。他們運作機動，「有人拿海報想貼在牆上，大家就當場一起商量找好位置。如果覺得某位置好，有時會將原有的文宣移到別處。」

「連儂隧道還有不少整幅牆般高的大型文宣，要一晚『起貨』（完工），不知道街坊如何做到的。」L大感讚嘆。

一夜，也足以令連儂隧道成名。一名鍾姓男警員曾在一次清場行動期間，喝斥市民並高呼：「認X住我呀，隻揪呀（單挑）。」因言論出位，他其後被網民「起底」居於大埔某邨，讀書時外號為「香蕉糖」。或者想一圓他希望被「認X住」的心願，有熱心街坊將他的肖像及個人資料貼於大埔連儂隧道。七月十日的凌晨就招來一大堆防暴警察衝入隧道「清牆」，部分更手持盾牌，逐張Memo紙檢查，撕下有同袍住址的標貼，自此警方新增一個「撕紙王」（粵音與「獅子王」相同）的別稱。

死不去　仍然有你我戰鬥的生趣

警察會撕紙，街坊義工總鼓勵貼紙。他們形容隧道「屬於每一個留過心意的同路人」，並點出「連儂牆的意義在於大家可以自由抒發個人意見」。義工不會阻止持相反政見者發言，更建議他們用文明的方法表達立場：「曾經有藍絲在物資站和義工吵架，我們叫他去寫Memo，放工回來看，他的Memo附近有超級多人和他以Memo理性討論。」

不同政見人士言語「挑機」（挑釁）份屬小事，大埔連儂隧道曾經最少兩次被大規模惡意破壞。L曾目睹一大幫人乘旅遊巴士到來破壞：「我是真心害怕的。知道他們來者不善，但不知道他們會破壞到何種程度，會否持刀斬人？」

L談及的是七月十六日凌晨「八國聯軍」入侵大埔一役。幾十人乘旅遊巴而至，在牆上張貼旭日旗（日本軍旗）和德國、美國、日本等國的國旗，以及印有「八國聯軍」字眼的紙。

有目睹事件的街坊義工說當時感覺無奈：「因為理解不到八國聯軍旗和反送中有何關係，覺得搞笑。隧道入口那位置，他們一張一張地貼，整齊工整，但越後就越貼得亂，好像趕時間一樣。」義工表示後來到達現場的警察禮貌地說要調查，「因為要搜證，物證不可以動、不可以清拆，叫我們可以早點回家休息，守少一日，翌日再回來。」義工坦言對「八國聯軍」事件有嬲（憤怒）過：「但係覺得大埔人可以重建，所以並不太在意，結果如所想一樣，大家都自發來清潔，大半日清乾淨後，又重新貼過。」

其後一直流傳會再有人「搞事」，L「個心囉囉攣」（心情忐忑），不時到隧道看看。果然七月十九日凌晨，又再有過百人乘旅遊巴夜闖連儂隧道。面對這班來勢洶洶的不明來歷者，街坊的共識是「最緊要人無事」，所以L和街坊一行大約二十人當時立即決定「Be water」，帶同有用的物資先撤離現場。「我們躲藏於一個石壆附近，後來發現與他們的旅遊巴相距好近！幸好我們沒被發現，所有人都平安無事。」

那幫人大肆破壞隧道，手法甚有組織，分為黑衣人和白衣人。黑衣人把用以保護Memo紙的外層膠紙連同牆上的文宣整幅撕下，白衣人就負責貼上建制派集會活動的宣傳海報。另外，隧道入口處就被擺放多個附有台灣總統蔡英文、歌手何韻詩、立法會議員林卓廷和毛孟靜等人照片的花牌，意旨詛咒他們早日往生。

L估計破壞者應該不是香港人：「他們不是說廣東話，而且當中有年輕人，難以想像香港年輕人會破壞連儂牆，我還看見有媽媽帶同子女來破壞。估計這幫人應該由大陸坐車來的。」

L用「滿目瘡痍」來形容被破壞後的連儂隧道，入口上方「連儂隧道」四個大字被換為「壽終正寢」。「這我認為是過份的。」當時在地上的殘骸找回「隧」字和「道」字的L說：「沒想過香港終有一日要這樣處理政治問題。」

L折騰了一個通宵，回家倒頭便睡。第二天他大概十二時多重回隧道，發現已經有很多街坊正以「撕一貼百」的宗旨重建隧道。香港人以「食腦」（腦筋靈活）見稱，既然對方大手筆送來花牌如此厚禮，街坊就「謝丞相箭」，把花牌上的蔡英文、何韻詩等相片換成林鄭月娥的頭像「重用」，更有人貼上用簡體字寫成的「熱烈歡迎共產黨贈送花牌」的標語。

靈魂內　有信仰　搶不去

撕紙早已是常態，由於大埔連儂隧道備受注目，自然多災多難，肢體衝突也當然少不免。七月十一日晚有街坊在大埔連儂隧道內阻止「藍絲」破壞期間，被打至手臂骨折，涉事者逃逸無蹤；八月尾物資站更曾遭潑糞；十月十九日，有青年在連儂隧道外發傳單，突然遭一名持雙程證來港男子以刀襲擊頸腹，腹部傷口深至見腸，而頸部則有兩條肌肉完全斷裂，有醫生估計其傷勢永久不能癒合。

在橫跨整整一年的反修例運動中，連儂牆的攻和守，往往引發不同政見人士互相口角、動武。更甚者，二〇一九年八月，將軍澳區有整理連儂牆的兩男一女青年被人持刀襲擊，警方事後拘捕洪姓施襲者，控告有意圖傷人罪。二〇二〇年四月，區域法院法官郭偉健判處被告入獄四十五個月，但在判詞稱「同情」被告，又指他接受刑罰時仍然關心受害人，「情操高尚」。

「我當義工是因見過有傷人事件發生，希望我們的出現，可以在危急關頭保護手足。我們守的是人，不是死物，不是牆。我們不是因為有希望才堅持，而是堅持下去才有希望，歷史會還我們公義。」有義工這樣總結。

由於有人投訴出現衛生問題，十一月初，香港警方、食物環境衛生署及路政署聯手大清洗大埔連儂隧道，出動過百人撕走牆上文宣，又在地面髹漆。隧道不久後終被「清牆」，有街坊義工就覺得政府清潔得很隨便，「要清就清得乾淨點。」他們仍有保留一些藝術品，之後會聯絡相關人士，詢問對方要否取回。

封了嘴　封了筆　封不了我的高處

在撕與貼之間輪迴了無數次，L與一班街坊義工都沒有氣餒：「你撕完，我轉過頭再貼回，好小事。」有街坊更明言：「（我方）不斷被打擊就證明對方恐懼。其實每次被大規模破壞前我們都會預先『收到風』（有線報），會將有紀念價值的藝術品收起，重建時再掛起。」

最終，牆還是清了，但義工們說「文宣不分地域」，已經轉移陣地到網上，如Telegram、Facebook、Instagram，甚至在香港不同地方以airdrop直接把文宣傳到市民手機，繼續努力。

然而，運動日久，加上武漢肺炎疫情下政府推行「限聚令」大增市民被控風險，愈來愈少人參與反修例運動，往昔守護連儂牆的市民，都鮮有露面。

後記：風雨不會沒了期　終於會等到夢寐

最終十八區的連儂牆還是被清理了，撕與貼的輪迴或許終結了，但香港人都會記得用血與汗「打大佬」的二〇一九年。海外的手足更將連儂牆的概念帶到美國、英國、德國、澳洲、加拿大、日本、台灣各地開花，甚至回到布拉格的「真・連儂牆」：牆上被繪上象徵梁凌杰先生的黃衣人，黃衣人身旁並寫有「香港加油」四字。

青年就業起點
3585 8000
www.e-start.gov.hk
反抗

受訪者｜Samantha　撰稿｜木

當抗爭
變成了生活

「你已經知道所有嘢都唔對等，
叫人出去好似叫人去送頭。」

7.12

攝影　海

一場抗爭，可以如何發生？

二〇一四年，我們發現，抗爭原來可以佔領空間；二〇一九年，我們發現，抗爭原來可以佔領生活。

運動開始的一個月，密密麻麻的抗爭活動，造就了七月「香港人日程表」出現，扭轉香港人對社會運動的想像。社會運動，不再是一年一度的維園遊行，也不是佔領鬧市道路，而是讓抗爭與生活融合，由港島擴散至全港各區的生活日程。

「香港人日程表」中的實用資訊，代表了抗爭已進化成巴士班次一樣，不再是「抗爭需要香港人」，而是「香港人需要抗爭」，更需要知道抗爭的安排。

但當香港人已經需要抗爭，期待抗爭。那文宣組，又應該如何回應？

整場運動中最醜的文宣，相信非「香港人日程表」莫屬，黑色底色寫上每星期各場抗爭運動，就像旅遊書《Lonely Planet》的內容一樣，只列時間和地點。「香港人日程表」除了讓手足知道活動，也讓不參與抗爭的市民，知道何時何地有示威而避開。故「日程表」，是每個香港人從Facebook、Whatsapp、Instagram 看過，以及轉發過的必備文宣。

二〇一九年七月，抗爭逐步從大家認識的維園、彌敦道，轉至北區運動場籃球場、翠田街遊樂場等，不為外人所道的社區地標。七月六日「光復屯門」，是反送中運動向十八區擴散的第一次嘗試，當時活動旨意為驅趕性感大媽在屯門公園跳辣身舞，違法收取阿伯阿公「利是」（紅包打賞）為主題，結合反送中運動，成功動員成千上萬市民走到位於新界西的屯門。

香港人日程的起點

而老家於上水的Samantha，雖然已經嫁到台灣，但運動開始後卻展開「飛人」生活，同時想盡辦法瞞著家裡人，以免老人家擔心：「如果是七一那樣的long weekend，我就說回香港找朋友吃飯；如果是正常要上班解釋不了，就索性住朋友那裡。我其實每次（返港）都好趕，星期五晚回來，六日遊行完就即刻返台灣，多數還在衝突最厲害的時候，我就要上飛機了。」Samantha在飛機上沒有網路的兩三小時，往往最痛苦的時間，都是警民衝突激烈的時間，或者是市民遇襲警察失蹤的時間。因此，Samantha總想為運動做得更多。

故Samantha 在七月，亦由Telegram的群組「612 reminder公海」正式通往文宣組的偉大航道：「一開始是問中學同學如何加入『公海group』，尚在玩Telegram的嬰兒階段。甫進群組就看見有Message問有無手足可幫忙做文宣，那我便舉手，因為我一開始以為文宣是要寫好多東西。」殊不知，「香港人日程表」毫無文字技巧的才是經典。

從七月開始，各區遊行如雨後春筍，甚至出現一日兩區均有遊行的情況，「香港人日程表」成為「無大台」的協調平台。而文宣組在Telegram公海，原來是「香港人日程表」的發源地。「以我所知，是一個叫『777文宣公海』，有個手足時不時會整合一個月活動，第一次看到（香港人日程表）就是在地區遊行的文宣group。」Samantha口中的地區文宣，就是在七月開始推動各區遊行的宣傳群組。「那位手足專門做日程，日程group是接受投稿，而他會在公海將看到的（抗爭活動）加入日程。」

各區遊行的宣傳群組，說白了就是一堆Telegram的帳號。「我入到文宣組才發現大家的背景好不一樣，有些人專注製圖，有的人專注寫『警世文』，有些人專注寫連登文。」互不見面，只是討論用什麼方法，寫文製圖，務求號召更多市民參與每個星期不同的分區遊行。「香港人日程表」屬海量的文宣中，實用性最高的代表。

實用　只為香港人的需要

「香港人日程表」出現之時，是大家仍擔心運動能否延續之時。「大家都會記得雨傘運動時，大概四十多日就開始出現分化。」反送中運動開始後的四十多日，正是運動深入各區之時。七月六日的光復屯門，就是誕生在運動能否延續的一片惶恐之中。Samantha直言七月十三日的「光復上水」，同樣位置偏遠（上水位於香港新界北區、靠近深圳），一星期的宣傳是否足以令大家延續熱情成疑，於是七月十二日帖文在不同平台湧現，反映文宣組擔心參與人數不足。

當時的網上文宣，基本上星期一至四都是在上班時間決定宣傳策略，討論內容，收集資料，再由文宣組交予「設計房」造圖，趕在星期五完圖後，送往各個公海群組鼓吹市民參與：「當時是同另一個手足去寫『水貨』（走私）的問題（上水因靠近深圳，當地較多走私客聚集），全部都是政治引伸的問題。當時區議會被建制派壟斷，打擊『水貨』的措施都過不了（區議會）。」文宣群組務求令上水遊行內外兼備，一方面照顧區外抗爭者的政治訴求，同時亦關顧區內居民的民生關注。

Samantha憶及當日，擔心遊行人數不足的，不止她一個：「當時整個連登都十分『烏托邦』，七月十二號幾乎是全部帖文集中呼籲上水（遊行），希望令更多手足參與遊行。」文宣組當日為了吸引更多「街外客」，在立場新聞的投稿〈一群熱愛香港的北區市民：我們需要十八區支援！〉中，文章一開首不是口號，也不是煽情海報，而是指南般列出由全港各區前往遊行起點的巴士路線圖，只為確保全港手足都得到最實用的資訊。

誰說地區不政治

「香港人真的是癲（瘋狂）的！」Samantha七月十二日甫返港，翌日就見證上水遊行人數「迫爆」（擠滿）上水。「平時十分鐘的路程，我結果走了四十五分鐘，更見到不少反送中標語。」Samantha承認自己當時低估了港人對運動的投入，回想自己對人數的擔心，實在多餘。

當日主辦單位公布三萬人參與遊行，比原來預期的兩千人多十五倍。而且，多了的也不止是人數，更是抗爭的投入度。

Samantha自己完成遊行之後，開始擔心遊行人士的安全，始終上水並非大家熟識的地區，要「齊上齊落」並不容易：「出入上水其實只有兩條路：巴士跟火車，巴士路被示威者、警車堵塞，只剩火車，真是可以無路可逃。」當日遊行，結果出現了驚心動魄的一幕：一名年輕人為逃避警方追捕，衝向天橋的圍欄，整個人跨過去，眼見將要從三層樓高的天橋墮地，幸得旁邊一名電視台攝影師將年輕人拉住，及後再由兩名警員增援，把年輕人抓回天橋，不致直墜地下。

從入場到離場

汲取上水示威活動的經驗，文宣組再度進化。由入場需知的巴士路線圖，轉化為離場需知的逃生路線圖；由招募更多人參加，變成要確保更多人安全離開。一日後的沙田遊行，警方封死火車站並進入商場圍捕示威者。連登、TG湧現不同的逃生路線圖之外，沙田各大屋苑的街坊，亦自發阻止警察在沒有搜查令情況下進入屋苑，都是為了「齊上齊落」。

「那時開始要準備『發夢』攻略（示威者為怕網上留言被當作證供，紛紛將自身經歷以「發夢看見」為掩飾），希望提醒大家要走，要換衣服，以及小心『家長車』（大人接送示威青年的義駕車），因為流傳過家長車有『鬼』（臥底警察）。」面對警方策略改變，Samantha與文宣組手足便提供更多實用逃生資訊，只求令香港人多一點安心，多一點自保能力。

香港人／鬼日程

實用資訊，絕不會只方便香港人，對香港警察也是同樣實用。特別是踏入八月，警方常拒絕批出遊行集會不反對通知書，「香港人日程表」便成為警方拘捕示威者的預告，更出現了所謂「mon post狗」的工作——警方在網上收集抗爭活動的時間地點以便預先部署。「開始有人覺得日程表，好像是提供警察作佈防，開始呼籲大家不要跟隨日程表，群組內本身出日程表的手足亦都暫停製作及釋出日程表。」不過，香港人日程表的範本早已傳遍整個網絡世界，依然有不少手足自行發稿，反正網上的文宣都沒有人在乎版權，香港人日程表一直生生不息延續下去。

面對警方不斷升級的武力，兩難的，不只是香港人日程表。Samantha與一眾文宣手足，當時最擔心的就是呼籲人上街，變成呼籲人「送頭」：「當時文宣組開始討論是否仍要出那麼多人催谷人數，因為你知道所有東西都不對等，叫人『出去』好像叫人去『送頭』；到底是否出『勇武手冊』，就是鼓勵他們出去打？」

當再沒有人擔心參與人數的多寡，反而擔心參與者的安危，到底文宣的責任是什麼？當上街遊行也要面對不合比例的風險，文宣，又可曾有過叫人放棄抗爭的選擇？

商場不是戰場
Shopping
不是血拼
新鴻基交待

受訪者｜沙田居民「趙小露」及「獅子王」　撰稿｜海

商場・戰場・我主場

「沙田人，沙田區，呢度係我嘅主場，
我就係負責喺呢度抗爭。」

7.14

攝影 Paul Yeung

根據統計，香港是全球商場密度最高的地區。生活在香港，就算你厭惡商場背後的地產霸權和消費主義，它還是你生活無法迴避的一部份。商場包含了各種生活元素，休閒購物、文化娛樂，有不少甚至是交通樞紐。但二〇一九年夏天，香港商場的面貌和功能，起了一點變化。

七月十四日下午，沙田區舉行「反送中大遊行」，數以萬計市民由大圍遊行到沙田市中心。近傍晚時分，示威者在接近遊行路線終點的源禾路及沙田鄉事會路交界聚集，與警方對峙。數百米外的沙田新城市廣場，遊行期間商店照常營業。大量顧客，包括參與過遊行的市民，在商場消費、購物、用餐，人潮熙來攘往。

入夜後，警方採取圍堵策略，將地面的示威者逐步迫往新城市廣場。與商場接壤的沙田火車站，成為唯一的離場路線，卻一度被警方封鎖，市民被困於商場內。防暴警方衝進商場，商場頓時變成戰場，事件中，至少有二十八人受傷。

商場及後變成抗爭現場。香港往後亦迎來更多場商場戰役。胡椒噴霧、封鎖線、集會、歌聲，進駐商場。商場抗爭取代了舊有的購物體驗，成為香港人生活的一部分。

沙田友「趙小露」和「獅子王」記得，他們是相識於七月十九日深夜時分。

當時素未謀面的他們，與眾多沙田居民一起，日復一日到新城市廣場顧客服務處，要求商場業主新鴻基地產交待七月十四日讓警方進入商場的原由。

在沙田長大的獅子王說，小時候在新城市也有過快樂回憶。那時候的新城市，是一個照顧區內居民生活所需的商場。

後來隨內地來港購物客增加，新城市廣場針對招徠的客戶，漸漸由本地人變為內地客，從前賣報章雜誌的攤檔沒了，商場變得愈來愈光鮮明亮，店舖愈來愈奢華，名店進駐，媲美尖沙咀，也有美妝店、金舖、藥房……總的而言，新城市廣場不再是照顧沙田人需要的商場。

「從前有個噴水池在中庭，之後由中庭遷移樓下，最後消失了。一期原來有家麥當勞，但由低層遷到高層，高層變到消失了，搬去其他商場。商場不停慢慢變。」目睹新城市被拖著旅行箱的自由行佔據，縱然心酸還可以忍；被警察蹂躪，是超越底線，忍無可忍。六一二還沒有上街的獅子王，瞬間進化，走上抗爭前線。

由追究七一四開始

管理商場的新鴻基地產發聲明，指商場一方並沒有報警，事前不知悉警方行動。趙小露覺得，商場當日最錯的是保安員失蹤：「我不是要求你做到好像馬鞍山新港城的保安一樣，擋住大門不讓警察進入；好像荷里活廣場一樣，有人拍照顯示保安嘗試不讓警察進入，我也『收貨』（接受），但是新鴻基（保安）好像（警察）在七二一那天一樣失蹤，任由商場內市民被警察打。」

可是新鴻基管理層並沒有現身解釋，居民投訴無門，將服務處櫃檯用作「連儂服務台」，貼滿便利貼，控訴新鴻基出賣香港人。

商場營業時間結束後，民眾陸續散去，少數留下的人三五成群「圍爐取暖」，分享七一四的經歷，討論局勢，甚至訴說心事。趙小露從中認識獅子王：「好有趣，當時連名字也不問，但大家會輪流給予意見。」一群陌生人，漸漸變成同路人。

消失的新鴻基

趙小露說，七月時，大家是「喪嚟」（不停來）新城市，就像上班一樣，每星期來六七天，周末甚至會在顧客服務處逗留八小時。不知不覺之間，他們開始「營運」這個場地，清潔地方、收走垃圾，以及整理市民送來的紙筆等物資。

然而，長期佔領顧客服務處，似乎未能迫使新鴻基承擔責任。「大家開始意識到，其實是搞不到新鴻基，搞不到管理層，但清潔姐姐就『硬食』（無選擇下承受）。」

當時商場採取的策略是「你有你貼文宣，我有我照舊營業」。商場並沒有當場阻止市民貼文宣，而是等每晚商場結束營業，群眾散去後，找清潔工人通宵移除所有文宣。商場亦一度釋出善意，在地下大堂放了幾塊流動展示板，瞬間被貼滿便利貼和文宣。當商場其他地方的文宣每日被清走，這幾塊板的文宣原封不動獲保留。

趙小露將當時商場相對容忍的態度，理解為新鴻基「自知理虧」而作出的某種「退讓」：「你們追究不了我，但我讓你們繼續佔用個空間、繼續貼，也算是一種妥協或另一種賠償。」

你退我進

因此，他不再只著眼於追究七一四責任，而是思考如何更好地利用商場空間：「追究新鴻基，我覺得是運動其中一個重要支線。但你把場地給我，我收貨。沙田人，沙田區，這裡是我的主場，我就負責在這裡抗爭。（文宣）是我可以出力的地方。」趙小露的T恤寫著「生於亂世，有種責任」。

為了發揮文宣的最大價值，他們每日都會篩選一些值得保留的文宣，趕在清潔工人清場前把文宣小心的撕下來，翌日再重新貼上。「獅子王」就是這樣得到這個別名，取其廣東話「撕紙王」的諧音。她跟同樣被稱為「獅子王」的警察不同，警察是要剷除連儂牆，而她對每張撕下來的文宣都是珍而重之。訪問期間，獅子王回溯趙小露所拍的文宣照片，如數家珍。有一張寫上「商場不是戰場，Shopping不是血拼」，她特別喜歡：「這張用毛筆寫的雖然簡單，但好充分表達到我的心聲，所以印象特別深刻。」

在這場持久戰之中，他們著意減少對商場設施造成損害，一來是讓管理人員知道「毀壞」並不是他們的目的，二來亦想減少清潔工人的負擔。他們會叮囑貼文宣的市民儘量不要使用雙面膠或直接在櫃檯上寫字，因為難以清理。回收文宣的時候，他們會順道清理膠紙痕跡，但獅子王說總有些難以清理：「有一次，因為貼得太高，我和清潔姐姐說清不到，清潔姐姐就和我說：『得喫啦，留喺度我一陣清。』（可以了，留著我等一下清）」其實不少清潔工人都體諒他們的行動，而抗爭者也理解清理文宣是清潔工們工作的一部份。

有趣的是，遇著文宣數目較少的時候，獅子王會刻意留下少量文宣讓清潔工清理。原因是商場聘請了一批外派清潔工專責清理文宣，沒有文宣的話，這些外派工人便會失去飯碗，「留個一兩張也好，可以保住他們的就業機會。」

新．新城市

到八月的時候，文宣的數量開始進入高峰。張貼的範圍已超越顧客服務處一帶，延伸至商場中庭，甚至高空。商場活動開始千變萬化。「有人搞展覽，有人唱歌，有人在中庭演說，有人摺紙鶴，中秋在這裡一起吃月餅。」其中一幕趙小露印象最深刻的，是去年區議會選舉前夕，有人在中庭地下展示沙田區候選人的相片。街坊駐足低頭觀看，寫下誰可投、誰不可投。那一刻，新城市廣場變成屬於沙田友的公民廣場。

事實上，香港人已經養成了一種隨處皆可抗爭的意識。抗爭場所可以是港鐵站、公園、行人天橋、馬路，甚至是一條路邊燈柱。而有瓦遮頭、有冷氣吹，連打颱風都不怕受影響的商場，成為一眾「和理非」的理想抗爭地。「和你sing」、「和你shop」、「和你lunch」，遍地開花。沙田新城市從不缺席，抗爭規模也是眾多商場中最大。原因之一，是這個場地本身就比較得天獨厚，擁有一個空間龐大、與港鐵接壤，四通八達的中庭，容易聚人，加上其所處的「新界東」為中產區，過往選舉結果顯示，居民政治立場較親泛民主派。

而另一個原因，是文化。趙小露認為，七一四事件的不公義，激發一群沙田街坊走得更前，由貼文宣為起點，培育了一種抗爭文化。他笑說或許就是這種文化，令沙田被稱為「香港首都」：「通常首都是比較有文化一點。黃大仙好打一點（黃大仙每爆發警民衝突，均有大批穿短褲、拖鞋的街坊支援，被評為『戰力最強』），沙田就有文化一點。」

文宣不死

即使到今年年初出現新冠病毒疫情，各區抗爭活動和連儂牆幾乎絕跡，新城市廣場中庭的「連儂柱」，仍然是低調的維持著。沒有新的抗爭日程，便回顧著過去大半年的抗爭歷程，每日更新疫情相關訊息。

二月，醫護發動罷工要求政府封關，有民眾圍坐在商場中庭製作白絲帶，呼籲途經的市民支持罷工。四月民間推動選民登記，有人在連儂柱掛上一個透明文件夾，內附選民登記表格。限聚令下，市民繼續駐足觀看。抗爭文化，在沙田植了根。

不過到了五月，隨著香港的政治空間收緊，新城市對文宣活動採取更強硬的態度。五月初，新城市廣場管理方用鐵馬將連儂柱圍封，貼上「私人地方，請勿標貼」的告示。趙小露見狀與幾個同路人回去嘗試張貼抗議字句。惟商場以更強硬的姿態回應，最後更以木架包圍連儂柱，向貼文宣的人發告票，聘請南亞裔保安長期駐守。

一個月之後，「香港再出發大聯盟[註]」公佈推薦商戶名單，管理及持有新城市廣場的新鴻基，全線商場榜上有名。網民笑說，那是官方認證的藍色經濟圈。

沙田新城市的演變，或許也是香港的縮影。

註 由兩名前特首、全國政協副主席董建華及梁振英牽頭成立的建制派組織，目標是帶領香港再出發，新鴻基地產主席郭炳聯、執行董事郭基煇均為共同發起人。

散警隊 刻不容緩

受訪者｜阿海　撰稿｜思

誰的真相

「你feel到十年後呢件事嘅官方記錄係假嘅，好明顯，你睇監警會嘅報告完全調轉來寫，而當人嘅記憶衰退，嗰個就變成唔知幾多年後嘅真相。」

7.21

照片 受訪者提供

二〇一九年七月二十一日，元朗有大批白衣人無差別襲擊市民。當日下午，數以百計的白衣人聚集在元朗西鐵站附近，部分人手持籐條、竹枝或長傘等。多名市民報案，但警方並無作驅散或任何行動。

白衣人晚上開始襲擊路過市民，先有十幾人圍毆一名下班經過的廚師，然後大批人湧入元朗西鐵站內襲擊市民，當中包括孕婦、在現場直播的女記者、元朗居民等等，至少四十五人受傷。有人被打至頭破血流、骨折、多人浴血。

襲擊期間，警方收到超過兩萬通求助電話，但警方過了三十九分鐘，白衣人離去後，才趕到西鐵站現場。警方事後指七二一襲擊是因為有示威者入元朗牽引整件事，負責監查警方執法的監警會以「集體毆鬥」形容事件。

「你咁樣係唔會令我驚㗎！」這句話在這場運動人所共知，是昂藏六尺的元朗八鄉指揮官李漢民，在白衣人襲擊後，於現場被記者追問時面對鏡頭的回應。但原來鏡頭背後，李漢民覺得意圖令他驚的，是兩位女孩子，一位大眼睛，一位長頭髮。

長頭髮的是阿海，她自小品學兼優，可以「學霸」形容。做過十年記者，發過夢，然後轉行公關賺取穩定收入。她跟很多香港人一樣，希望在這場運動中找到一個「可以出力」的位置：「當然可能太天真。我好支持這場運動，但我做不到『衝衝子』（勇武示威者）做的事，那我最能夠發揮的，就是做記者。」

她差不多所有示威現場都去，做一個「和理非」（和平理性非暴力），同時一個觀察者和一個記錄者，然後在自己的臉書或Twitter上寫寫。七二一那天，她參加完港島大遊行，在晚上九時左右回家。她在南昌站轉車時，發呆地望著玻璃幕門，突然一位女孩上前問她是否回元朗，勸她若回元朗「要先換掉身上的黑衣」，然後遞上幾件便服。

阿海不是去元朗，她道謝後，發現原來月台的椅子都放了衣服。當刻元朗西鐵站外已聚集數以百計的白衣人，揚言要襲擊遊行返家的市民。「其實那一刻很多人已經知道消息，知道元朗會有事發生。現在回想，早知當時立馬去元朗。」

元朗黑夜　無警時分

她拖著疲乏的身驅回家，但很快在網上見到元朗有襲擊發生。她看到有男人被追打圍毆（事後知道他是一名下班經過的廚師，無穿黑衣，腳上是廚師水鞋，但經過白衣人人群中說了一句：「嘩，那麼多白衣人。」然後就被眾人圍毆，背脊被籐條鞭得血紅、體無完膚。案件至今未拘捕任何人）。她看到有肚子微隆的女人被打至倒地（事後知道她是懷孕不足三個月的準媽媽）。她看到有女記者在直播時被毆，鏡頭被打至跌地朝天，聽到記者尖叫痛哭，見到有流血。

阿海說她那一刻傻了：「我在客廳發了癲，痴線，不斷講粗口。我不停打電話報警，好絕望，電話接不通。當時報警真的太天真（她反覆取笑自己幾次），以為報警有用，而有多少人好像我一樣，不在現場，但見到新聞直播都想打電話求救，所以警方事後說：不知有幾萬人打電話來『阻住條線』（癱瘓報警服務），真的好嬲（憤怒）。警方完全不理解大家看著直播，究竟有多驚慌！」

她說冥冥中自有安排：「命運就是這樣，在這場運動，我完全不知道自己是什麼身份，加上我又沒有記者背心。但在事件發生前一日，我在父母家找到件採訪渣打馬拉松活動中曾用過、橙橙紅紅的記者背心，當年是派給我們記者在馬路上拍攝。」她把記者背心放入背包，以備不時之需，然後便趕往元朗現場。萬萬沒想過，命運安排她這位前記者做一個重要訪問。

阿海大約十一時半到達元朗西鐵站。據網上片段，當時車站已滿佈血跡，白衣人在車站暴打市民後，部份被襲擊者逃往上一層的月台，白衣人跟上，在樓梯、車廂暴打下跪求饒的市民，其後揚長而去。

警方及後承認，接到西鐵站第一個報案後，隔了三十九分鐘才趕到現場。在這三十九分鐘期間，曾經有兩名軍裝警員接報到場，卻轉身離去。警方其後解釋，該兩名警員因見場面混亂，暫離現場請求增援，其時因為大量警力集中在港島應付示威，調配需時。

阿海到達西鐵站後，立即啟動臉書直播，其時白衣人已離去，大批人圍著警察指罵：「黑警！黑警！」情緒激動，不斷湧向警察指責他們姍姍來遲，憤怒和粗口如江河潰堤。警察節節後退，很快便撤退離開西鐵站。大批傳媒在出口位拍攝警察離開，但沒有跟上，前記者、現只為普通市民的阿海心急如焚：「做記者的 Gut Feeling，我要去質問警察，為何那麼遲才趕來。」她想找一個相熟的電視台攝影師同行，奈何現場情況混亂，攝影師轉眼不見蹤影。

我是記者

她尾隨警察循電梯落地面，看見警員在西鐵站對面的馬路等候，她打開背包，望著橙橙紅紅的記者背心：「其實真的好慘，我沒有了記者身份，但我真的好想問警察為何遲來。而可以問的身份，只有記者。如果我只是一個普通市民，我問他們為何遲來，他會否答我？當然不會，因此我只能用記者身份。那一刻，我好怕，我不是怕穿了記者背心有何責任，但我怕（自己不是記者）會影響影片的 Credibility。」

最終阿海沒穿上記者背心，因為命運早已安排另一美少女出場，借用阿海的記者背心上前線採訪。大眼睛的美少女是香港電台記者，因不便受訪，其故事在此不贅。

阿海與那名記者一起過對面馬路採訪警員，阿海一身便服跟著她走，兩人向警員提出疑問，之後成為歷史。

歷史的精要在這幾句。兩位美少女重覆問，為何警察遲來？負責駐守該區的元朗八鄉指揮官李漢民回答：「遲不遲，我不知道，我們是收到 call 來的。」、「我看不到手錶，Sorry 呀！你看不看見到剛才有多混亂？看見的是吧？如果見到你就知，我們怎會有機會可以看手錶呢？」

「你咁樣係唔會令到我驚㗎！」（你這樣嚇唬不了我的。）

白衣人襲擊再現

阿海說市民本對警隊的失責感忿怒，而李漢民的回應更是火上加油。她說一眾警員很快便上車離開，她只有目送警車遠去。不到五至十分鐘，遠處有剛襲擊市民的白衣人聚集，亦開始有人跑過來大喊：「白衣人返來，白衣人返來！」

她通知站內的市民，大叫：「白衣人返來。」現場再掀混亂，很多人驚恐四散，有人大叫：「女人老弱婦孺快走。」有人瘋狂敲打車務控制室的玻璃窗求救。「我之後回看自己拍的影片，很絕望，最絕望是看見有人拍打車務控制室，求助無援。控制室是完全無人，警察被罵後走了，但白衫人又返來！」

阿海後退至連接「形點」商場的出口。現在回想，後悔自己無留下拍攝。從傳媒的片段看到，那一刻，數十名白衣人一起合力拉開鐵閘，持棍再次衝入站內，再次襲擊市民，再有多人被打至頭破血流，全身浴血。

而在阿海的鏡頭下，只看拉起閘門，很多人跑到她所處的出口逃生，恐懼、尖叫，她亦已拔足狂奔，跑到商場，躲在一角繼續拍攝。片段聽到有男人叫：「不要拍了，快跑！」然後阿海被兩個男人帶入後樓梯，再找到通道逃到地面，及後上了男人的車中避難。阿海笑說：「好搞笑，那一刻真的是『手足』，（和那男人）真係三唔識七（互不認識）。」

漫長的元朗黑夜還未完結。阿海凌晨回到家，仍盯著手機看直播，看到大批白衣人繼續在西鐵站外的南邊圍村集結，很多人手持鐵條帶著頭盔。其中一個在西鐵站拉起閘門的白衣人，在南邊圍卻和防暴警察交談、互相拍膊。

當晚，警察無拘捕任何白衣人，而白衣人在清晨時分陸續乘車或步行離開，警員開路。很多看直播的市民質疑「警黑勾結」。

阿海說：「最生氣是南邊圍訪問那警察，他說沒看見武器，但全港只要有眼的，看直播都見到白衣人拿著棍棒，怎麼會沒武器？生氣到睡不著。這些還不是包庇？」

她說如警方說因調配問題遲了三十九分鐘，為何事後又不執法？為何「黑衣人」示威者，往往很快被警方拘捕及扣查四十八小時，但當晚，沒有任何一個白衣人被捕？「這雙重標準令人好生氣！我的要求只是希望社會還講道理，但七二一就是不講道理，錯得離譜，警察還可以否認的，還要不斷篡改歷史。」（截止二〇二〇年六月，警方在事件中拘捕三十七人，檢控當中七人，部分人為黑社會成員。）

誰的真相

阿海認為七二一是反修例運動，甚至香港的一個重要轉捩點，很多不問世事的人因而驚醒。但一年過去，她說政權並無反省，反而是製造後真相。例如十二月，警察公共關係科高級警司江永祥被記者問到，為何有軍裝警員調頭離開西鐵站不施以援手？他說不會稱當時情況是「逃走」，呼籲大家要把「畫面拉闊些」：「是由一班人帶一班示威者入元朗牽引成件事。」五月，負責調查警方的監警會發表報告，引述警方指當晚是「黑衣人」和「白衣人」發生衝突，是雙方「集體毆鬥」，而非市民眼中「單方面、無差別恐怖襲擊」。另外，還有不少「沒有林卓廷，沒有七二一」的文宣和論述湧現（林卓廷為當晚在西鐵站受襲的立法會議員），意圖搞亂時序混淆視聽。

「官方有一個真相，民間有一個，官方還要動員機器篡改民間的真相。你看監警會的報告，完全調轉來寫，當人的記憶衰退後，大家也不知道未來的『真相』——可能說有兩幫人打架。但明明整件事不是這樣，其實你看過LIVE，你的記憶就無法磨滅。」

說回七二一翌日，阿海只睡了兩個小時左右便起床上班，是個「熱愛返工」的典型香港人。但下班後，她繼續去示威現場記錄，繼續在臉書上寫帖文、發相片。但時局愈來愈差，人也愈來愈麻木，她有關運動的帖有時只有數個LIKE（或更少）。而且今時今日的警方執法愈加迅速及「無差別」，她無法再上前提問：「我無可能走去問他，為何你那麼遲來，即便發生同樣的事。我可能給他拘捕帶走，或至少被他噴椒。香港沒有公民記者，香港只有『真記者』和『假記者』，而像我這類雖然有記者的Skill Set，但沒有記者證，我再做記者做的事，我就是『假記者』，而且還會有（被拘捕）危險。」

我問她怎麼辦？她苦笑一下，大家都是如常生活，都會習慣紅隧出口天橋有鐵絲網，中信大廈有鐵絲網：「這一刻做得多少是多少，尤其是你感覺到這政權和警察不斷篡改歷史，你起碼要保持一個真的記錄。以及你到現場才可以說服人：『我有看到，我親眼看到事件是這樣的。』」

她和大部份市民一樣，願以雙眼雙腳，為是非黑白作證。

補記：究竟七二一白衣人襲擊事件如何發生？七二一之前，網上流傳兩張假圖，聲稱七二一有「光復元朗」行動（到元朗示威），其中一張更是冒認學生組織「學生動源」的文宣，被公開否認。七二一當天是港島大遊行的日子，但因為這些假消息，元朗鄉事發起保家衛族行動，結集人馬。但當天根本沒有元朗示威，最後只變成西鐵站一場無差別襲擊。究竟這些假消息是否有組織？究竟誰在背後策劃人民鬥人民？這可能永遠沒有真相。

7.27「光復元朗」遊行　攝影 香沫路

Dear Tourists,
We're deeply sorry about
What happened yesterday
We were desperate and
We made imperfect decisions
Please accept our apology

受訪者｜阿G　　撰稿｜土

盡吞人間煙火
的航空界

「最美，就係傳遞咗一個訊息出去，表達出航空界並唔係置身事外，都係香港行業中嘅一個界別。」

7.26

照片 發現香港 @hongkongerbw

二〇一九年七月二十六日航空業界從業員，於香港國際機場首次發起反修例集會。阿G是機場員工，也是當天活動參與者：「這天對我和我的同事來說很鼓舞，終於可以打開話匣子，與世界接軌。」

由六月至七月，政府及警隊亂狀横生，且發生七二一「元朗恐襲」後，G認為航空業界若繼續假裝沒事發生，那就完全與香港脫節。「我們就是要反映真相。」

當天，除了遊客主動查問事件，不少人更表達支持示威者。

航空業界從業員英語流利，以多國語言對外宣傳，讓香港的消息打破國界傳遞出去。而外界同樣驚訝的是，過萬人於機場示威集會，航機照常升降，過萬旅客如常出入境，暢通無阻，正恰如其「和你飛」活動之名。

相連的天空抗爭

這樣秩序良好，遊客出入無障礙的「奇蹟」不是自然而生，集會發起人事前努力溝通和安排，G表示，發起人社會運動經驗豐富，加上航空業是服務性行業，如何處理龐雜場面，從業員自有細緻考慮。而令G最開心的是：「見到許多媽咪帶著小朋友過來，同事休假出席，任何支持航空業的人士也在。」萬眾一心。

可是和平背後不無危機。如一般人所見，離境大堂及主要扶手電梯兩旁是一道道已張貼白色貼紙的玻璃外牆，牆後是一間間的房間，是負責機場保安不同部門駐守的辦公室。

G說，集會那天若經過那些房間，會看見房門開著，裡面是全副武裝的防暴警察。她從事航空業一段時間，更曾作為空難演習的觀察者，深深明白那意味著是什麼樣的一種狀態。

香港作為亞洲重要航空樞紐，機場每年最少進行一次模擬突發演習，包括應對空難、恐怖襲擊、毒氣洩漏、飛機引擎著火衝向海面等。機場管理局聯同香港各紀律部隊，如政府飛行服務隊、警隊及消防等進行演習，以準備面對危機時的突發處理機制。

應變機制完善，布防嚴密，若上層一落指令，各部門隊員響應包圍，G強調：「收緊的話可以收得很緊。」幾分鐘內就可以將機場封閉，追問最快多快，G肯定表示：「一分鐘。」

機管局因有應變機制，對機場自信，故無懼大型集會，七二六那天也沒有出動緊急應變部隊。G一再自豪地說：「最美，就是傳遞了一個訊息出去，表達出航空界並不是置身事外，也是香港行業中一界別。我們對事件非常支持。那天就以最理性和平的方式表達自己的訴求聲音。那是大部份認受航空專業人士正想表達的。」

那天的色彩

那天下午接機大堂塞滿表達訴求的人。活動中，「和你飛」貼紙四處張貼，亦有人以QR-code貼紙形式分享其他表達訴求的訊息，更有登機牌寫著「目的地：五大訴求」，又或「光復香港」、七二一等數字……G說，更有支持者刻意買機票進入禁區內聲援。

當然還有在前往搭乘公共交通工具的機場通道，放置的一件黃色雨衣，象徵悼念六月十五日以死明志的示威者梁凌杰，更懾人心靈。

那天設有連儂牆，大家寫的便利貼，不只對此前發生的事件表達傷痛，更多的是對七二一事件的憤慨。雖然每一字條都是大家的心意，可惜機場不可以長久張貼，預料會被一一清除，G慨嘆：「凌晨一時，大部份示威物品已被清除，有點心酸，聚散匆匆，難道不過像辦了一個演唱會？我們好像什麼也不是。」

豈料當晚她經過青衣「連儂橋」，人們收集在機場的展示品，完好無缺地移植到該處，當下她不禁淚流滿面：「原來你有心去做，一定有方法可以做到。」心意的延續不受地域限制，浩氣常存。

當天集會是一個轉捩點，航空業內人士聲援多，往後在機場的集會「升級」，朝不同方向發展。

最後的列車

八月後，機場集會發生不少衝突，G亦表示那段時間非常擔心，機場內的工作人員見到外面所發生的事情，不時捏好幾把汗。那時候曾有報機場空調關閉，又或網路不通，且有人向員工發放早點下班的信息。

既有人處心積慮發布假訊息或刻意製造危險事故，加上其時不知道警察行動，或可能在機場內施放催淚彈，G深知當局「要封死此孤島，離開是不可能的」。且在示威群眾中，G見到不少學生或小孩，更叫她揪心。

在種種疑雲下，G記得有天晚上，在機場集會後搭乘最後一班列車。那時候機場鐵路已超時延誤，列車亦只停青衣站。最後列車到站時大家都趕緊擁入，不只車廂走道塞爆，連坐椅上都站滿人，互相拉著對方，務求讓更多人擠上列車。那刻，充滿未知和惶恐，好像為逃避戰禍、仿如生死關頭開出的列車。G那樣憶述，當然不希望此光景重現。

事過境遷，稍回望整體局勢。G指出無疑機場是香港經濟樞紐，以「塞機場」方式停止客運是一事，可貨運才是另一主要命脈。若真要令機場停擺尚有許多不同可能，罷工可又是另一選項，無論以什麼形式進行，均有爭議，G說：「抗爭就是這樣，學習彼此如何達成共識。每一段抗爭可能亦無法完美，最後出來是這樣，就那樣吧。」

照片：發現香港 @hongkongerbw

受訪者｜攝影記者阿德　　撰稿｜丁

我鏡頭
見到鬼

「記者係要報導真相，但示威者又黑衫，警察又黑衫，每個人都蒙晒面咁，叫我點樣分辨？」

8.11

攝影 Jackie Yip

二〇一九年八月十一日的漆黑夜裡，銅鑼灣一陣躁動。無人召喚茅山術士，沒有雨水浸過的柳葉，也沒牛眼淚，但那一瞬間，人人都開了一雙陰陽眼。

原來鬼與夜幕一樣，都是黑色的。一群「鬼」目光凌厲，身形魁梧，披上黑衣，戴上頭盔，曲起手肘在街上煽動打鬥。他們配有耳機等裝備，口袋插著伸縮棍和綠色螢光棒。未幾，大批警察從路邊閃出，這幾襲黑影也撲上途人，圍住手腕綁緊索帶。幾張驚惶的臉被壓在地上摩擦，邊呼叫求救，邊吐出鮮血。

阿德急急趕至現場，將「人鬼糾纏」片段攝入鏡頭中。當了六年攝影記者，他也是頭一次目擊如此戲劇性的場面，心裡煞是衝擊，冒出十萬個為什麼。身旁行家上前追問「鬼」的身份，要求出示證件，卻未獲正面回應。

翌日記者會上，警方說他們並非魑魅魍魎，而是堂堂正正的臥底，協助警員在港島東集會後的快閃圍堵行動，拘捕十五名「暴徒」。自此以後，便衣臥底頻頻出動，埋伏在黑衣人海之中，適時即撲出抓捕，被揭發則鳴槍自保，更多就隱沒在人群內。

事件是香港回歸二十三年以來，首次被公眾知悉警方以「臥底」或「喬裝警員」，滲入、參與、甚至在鏡頭前制伏本地社會運動參與者。

動盪時代，許多人都說，多一個鏡頭，多一份真相。

若傳媒是個爐火炙燙的廚房，那麼攝影記者就是四出搜羅食材的人。縱然有選材自由，但最終那碟餸菜，是煎炒煮炸炆燉還是焗，得交給作為剪接編輯的廚師發辦。不過，入行六年的阿德發現，如今連食材從一開始可能就混淆不清。

譬如鏡頭中人的身份。

大時代的進化

二〇一四年雨傘運動，攝影記者阿德已跟警察交過手。他清楚記得，那時的警員沒戴口罩，肩上列明警員編號，態度也比現在的好。

時隔五年，又迎來一場政治風暴。這段時間，阿德抬著錄影機，走過一幕幕驚心動魄的場景，跟許多前線記者一樣，很多轉變，都要重新適應。從六月九日的白衣遊行，到六月十二日的普通口罩和工地頭盔，及至後來的全黑裝束，示威者和記者的裝備不斷升級，防毒面罩、防彈眼罩，一切都是為應付警方逐步升級的武力，如胡椒球彈、橡膠子彈、海綿彈、催淚彈、水炮車，甚至是實彈。

現場變得神聖而危險，穿梭前線的他曾被直射胡椒噴霧，刺激得睜不開眼；曾有催淚彈頭彈落腿上，灼熱難耐；也曾近乎沒知覺地被急救員抬走，顛覆以前跑新聞的想像。

「這一年，七成衝突我都在場，一次又一次受到衝擊。場場都好震撼，但場場都差不多，我都記不盡……」他語帶尷尬，記起一個重要日子，又補充一句：「但八一一這晚，我一世都記得。」

黑吃黑

二〇一九年八月十一日，被警方拒批不反對通知書的遊行，變成了港島東集會，夜裡更演變成多區「快閃游擊戰」的示威行動。銅鑼灣崇光百貨對面的馬路也聚集了一群示威者。

那夜飯後，阿德和行家走到波斯富街，坐在電車路軌旁邊的石壆，稍稍休息和喝水。當時氣氛大致平靜，示威者都站在路中心，有些在吃東西，有些就這樣站著聊天，去向未明。他直覺，這晚該差不多完結，當下不會有事發生。一行幾人放下警覺，整個人處於鬆懈狀態，連隨時準備就緒的攝錄機也關了機。

一霎空白

晚上十時四十分，十幾個軍裝警察從告士打道方向朝崇光百貨跑去。他立刻掏出攝錄機，一邊跑一邊開機。趕到街口，只見大批示威者慌亂四散，有些竄進地鐵站，有些倉惶逃往維園，場面混亂，尖叫聲四起。他逆著人潮，看到戴粉紅色濾罐面罩的黑衣人，將一個男子扯到地上。另一名戴黑帽、黑口罩的黑衣男子，亦以長棍毆向在場人士頭部，多人受傷。

當這些裝扮早已和示威者畫上等號，他鏡頭拍到的是示威者襲擊示威者。那刻在想什麼？

「氣氛紛亂緊張，真是想不到太多，腦海像斷路，一片空白。」

他最深刻的一幕是，一名戴黃色頭盔的黑衣人，騎上逃跑者的背，用全身力量單膝跪在他的頭部。大約十秒後，多名警員加入，揮舞警棍。被制伏的男生整塊臉緊貼粗糙的地上，被打得門牙鬆脫。（後來他補充，男生被警棍打眼及牙，再被胡椒噴霧噴傷口，痛到失去知覺；另一被捕者被踩臉踢眼，事後因腦出血而不斷流鼻血，也有人肩膀關節位碎裂成四塊。）男生不斷嚎哭求饒：「Sorry，我知錯啦！」警員無視哀求，壓得他滿地鮮紅。拘捕行動期間，有些黑衣人躲在軍裝警察後面，軍裝警察攔住記者，「好似怕被我搶一樣。」直到黑衣人向警員揮動螢光棒，以示「自己人」，大家才恍然大悟，是臥底。

在場記者上前詢問戴黑口罩的黑衣人是否警察，換來「警察公共關係科會答你」和「用下你的專業知識」等答案。他警告記者們「放下鏡頭」，別騷擾自己做事，又高呼：「我的委任證不需要給全世界看。」更先發制人叫記者出示記者證。他們由始至終也沒有正面交代身份，最終由警員護送登上白色小巴離開。

「之前警員都算光明正大地驅趕，不會刻意隱藏身份，做足程序顯示委任證，讀出嫌疑罪名才拘捕。現在像『麻鷹捉雞仔』，無確實目標，說拘捕便拘捕。」眼見臥底用索帶緊綁示威者，一手推到地上，阿德內心暴怒，但礙於攝記身份，保持一份自覺。他沉著氣繼續舉機拍攝，提醒自己的定位，要保持冷靜。

他的憤怒，源於沒想到警察不斷進化。在警匪片中才會看到的，較常安插於黑道和販毒集團的「臥底」，竟發生於示威現場。

播下不信任的種子

這夜以後，盛夏的酷熱街頭吹起一陣怪風，是為「捉鬼」風。臥底的出現，埋下互相猜忌的種子。示威者當初經營的「不分化、不割蓆」信念，一點點瓦解。阿德留意到，當示威者發覺身邊人形跡可疑，就會大叫「有鬼」並四散，深怕「鬼」會出其不意地發難，拘捕身邊人。

傳說中，「鬼」是有跡可尋的。眼神兇狠、身材高大是基本。配有對講機或耳機等裝備，背囊上貼有標籤，或佩戴螢光飾物的，相當有嫌疑。帶頭呼籲破壞、轉場散水（解散）的，或不懂廣東話的，更肯定是「鬼」。

身陷現場的阿德，對這些「鬼故事」只得啖笑：「你好難一眼看穿站在身邊的人是忠或奸。」他不否認，有時「警察看得出來」，當日的臥底也是在步姿上露出狐狸尾巴。但他心裡忐忑，捉鬼和做新聞的本質一樣，萬一「炒車」（誤報），就釀成悲劇。有前線示威者因身形健碩、全套武裝上陣，又配有對講機，被誤當臥底，還被打得頭破血流，需到醫院縫針。一次遊行，有示威者帶頭轉場，結果被指責是叛徒，內訌愈演愈烈。

人心惶惶，如此捉鬼熱甚至蔓延到記者處。人群焦躁，即使阿德已披上螢光反光衣，背心上大大寫著「記者」二字，示威者都很防範，立刻上前追問是什麼人、來自哪一家報館。終於，被問得多了，連他自己都開始加強警惕，避免佩戴可疑配飾，還通常混入大羣行家之中，隔絕一切騷擾。

阿德說，從前人人追求獨家故事，現在反而多找幾個記者一起，互相照應、補位。會否有警員混入記者堆？他不敢多想。

也許要騙的　是鏡頭

事發翌日的記者會上，時任警務處副處長鄧炳強承認，有警員在示威現場中喬裝成不同人物，以拘捕十五名「核心暴力示威者」。不過，他們拒絕透露行動原因、開始時間，以及具體喬裝的人物。對於臥底警員大肆破壞的未經證實傳言，警方稱沒煽動其他示威者，堅持他們沒有參與縱火、扔汽油彈等違法行為。

後來，八月三十一日和九月二十九日兩次遊行，臥底再次出動，被揭發後更在鬧市鳴真槍，惹來爭議。「沒號碼（警察編號），都起碼有證。沒證，起碼看制服知道是警察。現在又蒙面、又沒號碼、又沒委任證，還穿上黑衫喬裝示威者，開槍也追究不到。」

「以後如果拍到黑衣人做違法行為，但背後身份未明，會不會好易混淆視聽？」他語帶質疑，無奈地嘆一口氣：「記者是要報導真相，但示威者又黑衫，警察又黑衫，每個人都蒙面，叫我如何分辨？叫我如何相信？」

他一直相信，攝影記者要衝鋒陷陣，交代最真實的畫面。新聞攝影要求客觀中立，但人無法擁有上帝之眼，必有盲點。這次連警察都穿了示威者裝束，鏡頭中人的身份愈來愈撲朔迷離。他開始感到困惑：假如多一個鏡頭，是多一份真相，為何自己無論在鏡頭內外也看不清真相？

從前下班回家，他習慣重看影片幾遍，再比對其他傳媒拍下的，看怎樣進步。但是這次，他留意到的再不是細節裡的瑕疵，亦非數算遺漏了什麼鏡頭，而是看到臥底拒答問題的囂張嘴臉、索帶緊箍被捕者手腕造成的紅腫痕跡，還有幾個人伏在路上，含着一口血，滴落滿地鮮紅。後來他還發現，有傳媒拍到警員把竹枝插入被捕青年的背囊，疑似栽贓嫁禍，而警方否認了。

鬼，令人再看不清人世。

唯一可做　只是盡做

一年前，幾乎沒有人要看新聞；一年後，在這場無面容的運動中，記者時而贏得前所未見的尊敬，時而被詆毀為「黑記」（部份警員、親政府人士對記者的稱呼）。

阿德每次出動，都是一場長跑。有時飯不能吃，廁所不能去，背上重甸甸的器材追訪，是體能的虛耗，內心也有很多倫理交戰。每次以為這天已糟透，但總有更震撼的一夕。未到夜半，都不敢收隊，因為不知何時完結。

「拍得太多，不想再拍抗爭新聞片了，好累。」他頓一頓，苦笑說：「但每次想完，都覺得就算記錄不到百分百真相，都要盡做我可以做的事。」抗爭未完，真相未白。

攝影 Paul Yeung

NO RIOTERS
ONLY
TYRANNY

受訪者｜施安娜　　撰稿｜卜

人在職場，身不由己

「呢啲人成日講『唔好講政治』，但係佢哋先係成日講政治」

8.21

攝影 Ramsey Au

二〇一九年八月二十一日，施安娜突然被召回國泰城的辦公室開會，管理層向她展示三幅臉書帳戶貼文截圖，據她所言，分別是談及她的飛行日程、為同事送上的生日祝福，以及對藍絲同事「篤灰」（告密）的批評。

然後，施安娜就再沒有然後，在「沒有理由」的情況下被解僱。

而在她被解僱之前約兩星期，內地民航局向國泰發重大安全風險警示，禁止曾參與「非法遊行示威」的員工飛內地航班，僅是支持這類活動的人亦同樣被禁。而且，飛越內地領空的機組人員名單，要事先經當局審批。

運動由街頭走到職場，資方管方與員工的攻防戰同時展開。

航空界在七月二十六日，於香港國際機場舉行了首次的「和你飛」集會，名字取自「和理非」的諧音，最高峰約一萬五千人參加，包括空服員、地勤和機師等。現場人士宣讀業界聯署聲明，批評七二一元朗襲擊事件。

當日網上更流傳國泰航班內機艙廣播：有機師向從日本返港的乘客解釋機場正舉行「非常和平而有秩序的示威活動」，希望乘客下機時不必擔心，甚而他們如想了解情況，可跟示威者聊聊。最後機師以廣東話說了一句：「香港人加油，萬事小心。」誰知最需要小心的卻正是航空業的員工，以及發言的這位機師。

最後一飛

自從內地民航局發安全風險警示後，港龍航空空勤人員協會時任主席施安娜一直未獲安排飛往內地。直至八月底，她才獲公司安排飛往北京，後轉往杭州。施安娜以為，自己使用乾淨的手機，且能順利往返北京，工作理應暢通無阻。她未想過自己這趟北京之行，竟成了在港龍的「最後一飛」。從北京回到香港後，正當她準備上機飛往杭州時，行程突然被取消。

飛往杭州不成後翌日，她便收到公司打來電話，要她返回公司辦公室開會。施安娜說，管理層當日向她展示三幅屬於她臉書帳戶的貼文截圖：一幅寫上施安娜未來幾天的飛行安排，一幅展示她用便利貼為同事寫上生日祝福，剩下一幅則是批評藍絲同事舉報成風，讓同事們「攬炒」（同歸於盡）和嚴重損害工作氣氛。

施安娜說，高層先向她展示日常貼文，好讓她承認帳戶由自己擁有，證實帳戶所屬人，便能證明其餘貼文確實由她上傳。其後，高層便以英文宣布：「你會馬上遭到解僱。」當刻她查問解僱理由，對方只稱：「我不能給你理由。」施安娜立刻與高層理論：「這將會是件大事情，你甚至沒有給我機會解釋。我被不同政治立場的人騷擾，那些是被人轉載至藍絲群組的內容。」據理力爭未能換來轉機，只約五分鐘時間，施安娜便要交出員工證，獲「護送」離開。

國泰航空當時回覆傳媒查詢，說施安娜已經不再是公司員工，不就個別個案作出回應，澄清她的離職與她身為工會領導或參加工會活動無關，並表示決定是否解僱時，會考慮適用法規等因素。但是，資方同樣並無解釋具體解僱原因。截至今年六月，她入稟勞資審裁處的案件，仍處於未確定狀態。

全方位篤灰

施安娜說，自己是政治風波爆發後，在港龍首名被解僱的空中服務員。她在公司效力十七年，升至高級艙務長，突遭解僱卻連一個官方理由亦欠奉，心裡滿是不甘。幾個只讓朋友閱讀的貼文，竟可能成為斷送職業生涯的原因，她相信有藍絲同事把貼文外洩。她說自己加入工會多年，不論政治立場為同工爭取權益，現卻遭同事指控煽動仇恨，不禁要問：「為何做到這樣？」

事後約一星期，報導傳出國泰更新企業行為守則，鼓勵同事就違規行為發聲，強調篤灰者（舉報者）身份可以保密，被指變相鼓勵「篤灰文化」。她說，現時工會收到航空界人士遭解僱的求助個案已達五十多宗，時至今日仍有業內機構員工被解僱，更有員工聲稱曾被捕但未被起訴，卻一樣得走。但如沒被起訴的話，理應不會登上法庭新聞而公開身份，機構如何得知員工曾被捕，卻是不得而知。

專業只能無聲

對施安娜來說，航空工作是保障乘客安全的專業，當年入職空服員，參加八星期安全訓練要獲得九成分數才過關，空服員同時也是讓乘客感到快樂的服務業。可惜，在篤灰的年代，不論擁有多年經驗還是取得專業資格，均可隨時遭政治洪流摧毀。

「那些人整天講『不要談政治』，但他們才真是整天講政治……

「我們只是想正常生活……用我的專業，做好這份工去contribute這個社會。為何你要『叉埋來』（參一腳），令我沒了工作呢？」

二〇二〇年三月，施安娜一位親人未等到勞資案件有結果便已離世。施安娜說，這位親人生前不明白工會在搞甚麼，只囑咐她要努力保住工作。可惜，如今連維持「有份工」的願望都做不到，令她內心驟然崩潰。施安娜失業後情緒起起伏伏，看到舊同事上載飛行照片，心裡還會有點羨慕。她形容，自己工作被人扼殺，彷如遭扔進大海一樣，尋找新僱主又擔心自己的政治事蹟，會使公司被建制人士針對，無端增加別人負擔。

因參與政治活動而致職場生活遭到全盤改變的人，不只施安娜一個。施安娜提到，一名機師朋友去年突遭公司解僱，原因是「被翻舊帳」：他在二〇一四年佔領行動擔任義務急救員，曾到佔領區戴著口罩被拍下一張相片，而雖然明顯是兩場不同的社運，但管理層亦懶得聽解釋。

「機師的損失好多。他們辛苦投放多年effort才考到，卻因為這件事沒了（工作）。他們要照顧家庭，我無家庭需要照顧，控告（僱主無理解僱）只是心理和錢銀負擔。」但這位機師較他人幸運，幾經辛苦找到外地職位，要留下妻兒在香港，隻身遠走異地，同時意味要放棄訴訟：「新公司希望他低調點，而法庭案件一定會見到你的名。」

單單因政治立場而工作崗位恐怕不保的人，又豈止航空界人士——教育界、金融界、公立醫護等，無一倖免。施安娜表示，「政治正確」當前，各行各業的人「就算做得多好，只要出句聲（談政治），其他人就不斷投訴，聲言要將你除牌。已經不理你在專業上的努力，總而言之你不支持那政治方向，你就（被視為）不值得留。」

新形勢 新工會

企業及政府全方位鼓勵舉報文化，有些打工仔為召集同道中人，各行各業均紛紛有新工會成立。

去年六月至今年五月，共有兩百多個新工會成功登記。「大多的新工會成型，是因為這場運動，會員想有代表性力量去做點事（支持反修例運動）。但如何維持會員之間的關係，新工會要做。會員間溝通的根基你如何也要打得好，否則你號召行動，不會有人理睬。或者你無action的話，他又會覺得你『攤凍』（沒作為）了。」

新工會是支援打工仔參與運動的組織，但本身亦成為政治風眼。新公務員工會於二〇二〇年六月參與國安法的「罷工公投」，馬上遭政府強烈譴責，表明會嚴肅追究。該工會主席顏武周二〇一九年起署任勞資關係科一級助理勞工事務主任，於二〇二〇年被免去署任職位，每月損失約二萬港幣月薪。有建制中人直指，應盡快革除顏武周，而非只取消署任。

公務員事務局局長聶德權更直指公務員工會，只能處理勞資問題，若工會就政治議題發動罷工，將超越工會本身作為爭取與僱員有關權益的工作，並指公務員有責任落實國家安全立法，表明發動罷工的行為是違反公務員守則。與此同時，教育局亦表明將會根據法庭文件及接獲有關教師專業操守的投訴及資料，審視教師有否涉及失德行為，並檢視教師的註冊資格。以不同方式發聲的代價，可能是個人，甚至家庭的生計。

自從去年盛夏，航空界把抗爭帶入機場，「篤灰」文化卻同時進入職場。在打好份工以外，打工仔仍能否維持不齊聲唱好，甚至齊聲不唱好的權利呢？

香港で
何が起
きているの
홍콩에서
무슨일이
일어나고
있는가
HEADSHOT
by
POLICE
Dear friends from around the World
I believe you have seen through media and the Internet, that HongKongers spare no efforts to safeguard our freedom. Please bear in mind: if the Extradition Bill passes, when you come to Hong Kong to travel, study or for business, you may face unfair trials. If you believe in values like
Democracy
Human Rights
and the rule of law like we do, please defend our rights together with Hong Kong people.

攝影 Ramsey Au

“市民們
我們帶來的「亂」”

受訪者｜港鐵觀塘線車長葉文誠（化名）　撰稿｜森

Please Mind the Gap

「其實大家完全唔識嘅，但就互相保護，去幫一啲唔識嘅人，去爭取一個機會，成個情景或者就係叫幫大家逃難。」

8.24

照片 受訪者提供

二〇一九年八月二十四日，沒有六九、六一六兩日一、二百萬人遊行的振奮人心，亦沒有比七二一晚元朗的無差別襲擊更痛心疾首。但對葉文誠（化名）來說，這天比任何日子都深刻。

葉文誠是個三十出頭的男孩，駕駛港鐵公司的觀塘線列車已近五年，每天他都享受在車長室的感覺。雖是獨自一人，但時刻都在接送遊人。他不需知道誰登上了自己開的列車，亦不用乘客感謝。只要能把客人安全送到站，他相信自己就是個稱職的車長。

時間退回八月二十四日，反修例示威運動持續，當天在觀塘區也有遊行。中午近十二時，天氣有點侷促悶熱，山雨欲來。葉文誠準備出門，他值夜班，平日只要下午二時回到九龍灣車廠就可以。

港鐵拒絕合法遊行

甫踏出門口，叮，電話螢幕上彈出一則來自新聞台的最新消息：「港鐵宣布：中午十二時起，暫停觀塘線彩虹站至調景嶺站服務，並關閉九龍灣站至藍田站各出入口。」「什麼？」阿誠差點叫了出來，他沒想到公司會在一個獲發「不反對通知書」的遊行前，一口氣暫停遊行路線鄰近七個站的服務，意味著參與示威的人士無論是前往或離開現場都有困難。

這做法是運動以來的首次。更意外的是，作為員工的他事前全不知情，記者的消息竟比他更靈通。他立刻致電部門主管，查證消息是否屬實。同事間的群組也紛紛討論起來，滿是猜疑及不安，畢竟公司早幾天才被中國官方媒體點名批評，大家都擔心公司下一步會有更不合理的舉動，詎料擔心竟然成真。

彩虹前的一陣驟雨

阿誠的部門主管向他坦承，自己也是剛得悉公司封站的決定，要阿誠先到彩虹站等侯下一步指示。由於封站安排倉卒，一眾觀塘線車長不可像平日一樣，在九龍灣車廠等候出車，只好在彩虹站月台等待交更。

雖然情況混亂，但尚應付得來。阿誠斷斷續續也駕駛了數班列車，一直到晚上七時，他吃過晚飯，再回到彩虹站月台。

葉文誠記得那天的畫面。

當時他在地鐵月台百無聊賴，彷彿與地面上跟警方對峙的示威者存於平行時空。月台上，十數名穿著黃色整齊制服的車長，並排坐在那些本應只會出現在大排檔的紅色圓膠椅上，旁邊還有幾箱公司提供的水及乾糧。他們就像「屋邨阿伯」一樣，有的在打盹，有的在閒聊，有的在罵政府。

突然，電梯上傳來聲響，接著是一群身穿黑衣的人衝下電梯，來到月台，同時喊著：「快走、快走，別讓警察盯上。」這群人闖進了車長們在月台的平行時空，把他們帶到現實。他意識到示威者是要盡快撤退，他立刻與身邊的車長當起指揮及疏導乘客的角色，讓示威者趕快上車。

不過，事情沒有想像中容易。當時港鐵的形象已不如運動初期般討好。早期那些因為怕付錢會暴露行蹤、卻又不想坐「霸王車」的示威者，會在閘門前、售票機上放下零錢，然後才跳進閘內，不想佔港鐵便宜；也有有心人買下一張張車票、甚或數以百計的零錢放在售票機上，如示威者用不完，他們也不計較的讓港鐵接收，算是感謝港鐵接載示威者的一番心意，但這些畫面現已不復見。

兼職月台助理

那時候，很多示威者都對港鐵不信任，認為港鐵事事跟警方及官員合作，自然也不會信任港鐵的職員。就算阿誠想幫忙，有些示威者也不全然接受。

當時，不同聲音在他耳邊縈繞：為求把同伴送上列車，有人頂著車門，不讓車門關上，車門關上又開的「嘟嘟」聲不絕；有人粗口橫飛，指罵阿誠是政府的幫兇及走狗，甚至有人以鐳射筆射他；但亦有人歇斯底里苦苦哀求，請求阿誠不要讓列車開出，好讓更多示威者可以登上列車；又有人抓著他的手，跟他說謝謝、加油。作為車長，他還是頭一回跟乘客的距離如此接近。雙方眼睛對看的一剎那雖短暫，但那一刻阿誠終於感受到什麼是「手足情深」。

「其實大家完全不認識，但互相保護，去幫一些也不認識的人，去爭取一個機會，整個情景就是幫大家逃難。」

他也豁出去了，情不自禁地在月台上大聲喊加油，亦把水及乾糧交到手足手中；同時不厭其煩地請手足不要阻礙列車駛走，因為上一班列車不走的話，下一班列車永遠也不能到站。

這樣幾輪下來，阿誠跟一眾車長們，總算把手足都送走了。每次關上門，阿誠都感覺放下了心中大石。關門、開車，從未令他如此緊張。然後月台上又回歸平靜。

港鐵的上司

不過心情才剛平復，阿誠卻開始跟其他車長們面面相覷，他們都有點怕：剛才他們的一舉一動有被閉路電視拍下來嗎？他想起了六一六遊行前那位駕駛港島線的車長，那位車長在金鐘站放下乘客之際，以車廂廣播向車上乘客說了句：

「麻煩大家代我去遊行，堅持到底，香港人加油。」

數句就足以令那車長受盡上司刁難，如果自己剛才的行為被「有聲有畫」地記錄起來……

不安的感覺一直纏繞他至下班，八月二十四日終於完結了。他慶幸當時沒有任何人錄下當刻的情況。接下來數天，葉文誠一直在想，作為一位車長，究竟可以為運動付出什麼，又，是不是仍可以付出什麼。不過，他仍未想出個所以然，就發生了八三一太子站事件。

當天傳媒大眾的焦點，都落在那警方速龍小隊進入的車廂，看得人心裡難過。不少人都指摘那位停下列車並打開車門的車長。阿誠事後也告了數天事假，幾天他都困在家裡，思考當車長的意義，更重要的，是思考自己作為香港人身份的意義。

直到有同事跟他說，原來八三一當天太子站內有另一位車長，在危急關頭，下了個不一樣的決定……

畫面定格在警方的速龍小隊向列車內乘客噴射胡椒噴霧一幕，此時原來有另一輛正駛進太子站的列車。當時那位車長剛好得悉了站內有市民受傷，同時警方在驅散市民。他當機立斷，僅僅在到站前剎停了「一到站就開車門」的電腦程式，改為人手操作。因此到站後，車門並沒有立刻打開。當時在月台的警察不停拍打車廂，要求車長開門，遠在青衣的指揮中心亦與車長通訊，指示他聽從指令開門。但車長認為當下環境不安全，擔心乘客或會受傷，堅持不開車門。在跟指揮中心多番來回周旋後，指揮中心最後容許車長，原車駛離太子站。

一念關門

這個故事，在當天未必能成為焦點，甚至往後也沒有多少人知悉，但開啟了葉文誠對車長的想像。原來當車長，是可以起到一點點不一樣的作用。

以前他以為，當車長的樂趣，就是心情好的時候，他可以把列車的閘門開久一點，讓客人都能趕上列車；心情不好的時候，他也可以調皮地捉弄纏綿的戀人，在女生進入車廂後立刻關上閘門，讓男生依依地在門邊目送女生。

但原來，開門或關門，在一瞬間，在運動中有另一意義。

直到現在，葉文誠仍不時會發惡夢，夢見七二一、八三一等等的情景發生在他自己開的列車上。但每次醒來，他都會叫自己撐下去，因為他相信，只有支持下去，在每一個崗位上，都可將其角色發揮至極致，貢獻運動。

「只可以說，作為一車之長，你穿起了制服，就是serve客，去make sure他們安全。」

或許他不能左右政府的決定，或許他未能站在最前線跟大伙兒並肩抗爭，但他至少可以作後援，在關鍵的一刻，把車門關上，保護眾人。葉文誠這樣想。

照片 受訪者提供

攝影 Jackie Yip

受訪者｜荃灣擋槍傳道人Anthony　　撰稿｜彤

以身擋槍的傳道人

「我只係喺時代裡面，
當刻被選中嘅人。」

8.25

攝影 Jackie Yip

從盛夏走到夏末，反修例的示威地點，自七月底起，也由港島區向北擴展至九龍、新界。二〇一九年八月二十五日，有市民發起「荃葵青遊行」，獲警方發不反對通知書，但港鐵以公眾活動進行為理由，遊行起步前關閉該區三個港鐵站，部分市民需以其他方法前往起點。冒著大雨，遊行隊伍穿過工業區，踏上高速公路，途中撐起朵朵七彩傘花。示威者設置路障，撬起磚頭，又在路面倒上洗潔精，試圖阻止警方推進。遊行當天為外傭休息的星期天，有外傭掏出手機，用鏡頭紀錄磚頭。同樣面對路障，警方以槍口對住磚頭。傍晚，警方發射催淚彈、胡椒球彈，兩輛水炮車首度現身示威現場，射水柱清理路障，警方驅散期間共拘捕三十六人，包括一名十二歲男童。

從白天到夜晚，雨水不斷，衝突亦如是。晚上，示威者破壞荃灣二陂坊一帶商舖，警員奉命到場處理，一度遭數十名黑衣人追打。「啪！」混亂中，槍聲響起，警員向天鳴槍，打出反修例運動中首發實彈，其後擎槍指向示威者。

一名中年男子衝出馬路，張開雙臂跪地，擋在擎槍警員前，哀求不要開槍。雨夜中以身體擋住槍口，這一幕讓人回想一九八九年六四事件翌日，王維林在北京長安街上隻身阻擋坦克。以身擋槍，傳道人Anthony稱這是他想到的唯一辦法：「傻一點，就是動之以情，我信人都有惻隱、憐憫。」

在荃灣沙嘴道與眾安街交界的十字路口，四十二歲基督教傳道人Anthony不斷來回走動，尋找被困荃灣的市民，安排車子接送。家住附近，Anthony當晚身穿背心短褲，腳踢拖鞋，手上拿一把雨傘就出門。

這個晚上並不平靜，不少商店提早打烊，路人行色匆匆，但這情景卻非首見。七月，有市民完成遊行後，返回荃灣二陂坊一帶遇襲，凶徒持刀無差別攻擊路人，暴力及規模可媲「七二一」。及後，一間麻雀館被指與襲擊示威者的黑幫有關，月內遭多次破壞。當日得知麻雀館被毀，Anthony擔心衝突中有人受傷，於是走到附近的警車旁，要求警員下車處理。

愛管閒事不是因為膽子大，只是作為「熱血中年」，他在不公義的事前難沉默不語。八月二十五日晚上近八時，人群聚在十字路口，大約七名警員與二、三十名黑衣人對峙，雙方人數懸殊。

「我當時見到的情況，是示威者追打警察，有大大隻隻的年輕人在恐嚇警察，他好似手持竹枝，之後就開始打。」Anthony當時跑到黑衣人身旁，勸說：「不要，不要這樣！」惜徒勞無功，他亦被示威者的棍棒打中。

示威者步步進迫，手持鐵通、木棒追打警員；警員節節後退，舉盾抵禦示威者扔來雜物，又揮動警棍還擊，人數佔優勢的示威者無懼，眼看就要包圍警員。混亂間，六名警員拔出手槍，其中一人向天鳴槍——「啪！」槍聲清脆，打出反修例運動中首發實彈。

當時，誰也沒想到，往後一年，警方一共開了十九發實彈，這是後話，但這晚在荃灣街頭，首發實彈震懾在場者。「屌，開真槍！」示威者聞槍聲後退，數名擎槍警員咆哮：「走呀！」擎槍橫掃前方指向示威者，一度掃過兩側的記者群。

此時Anthony從路旁衝出馬路，他雙膝跪地、張開雙臂，攔住警員大叫：「不要呀！不要開槍呀！」一名警員低頭查看，繼而用腳蹬開他，正中其小腹。Anthony失去重心，向後跌坐地上，然後馬上爬起來，用身體擋在槍口前。

「因為沒其他方法可以阻止，難道你拿棍去打他？我唯一想到的方法，傻一點，就是動之以情，我信人都有惻隱、憐憫。」

警員可會再開槍？開槍會否打中自己？Anthony壓根兒沒有想過這些問題：「唉，真的電光石火，沒有計過。你不斷想，行動會變得好遲緩，未必可以有即時的效果。」

示威者退去，警員收起槍沿沙嘴道跑離現場，數十名記者一路追趕。警員最終躲進一座大樓的後樓梯，被記者包圍，有人激動地追問他們：「為何你擎槍指向他？他已跪在你面前」、「你一腳踢倒他！你幹什麼？」隨後大批防暴警員增援，驅散在場記者。

Anthony亦追至後樓梯外，當夜一直下着微雨，那刻他淚隨雨下，感到難過，心裡反覆問道：「為何會搞成這樣？」從擋槍到警員撤退，短短十五分鐘內，他的電話震個不停，原來太太在電視直播中目睹丈夫以身擋槍，急忙發來短訊要他回家。Anthony撐起印上米奇老鼠的透明雨傘，站在防暴警察前，匆匆回覆憂心如焚的太太，但在電話的另一頭，太太早已哭成淚人。

警方事後解釋，其時Anthony身處衝突範圍，故被警員「用腳推開」。開槍的警員最終獲得嘉許，被讚揚「表現英勇」。事隔近一年，再憶起擋槍一幕，Anthony說：「如果我是那警員，我在場可能都會慌，唯一可以用的，可能就是支槍，和自己的腳。」

「熱血大叔」幼年時，一次家人與食肆職員爭執，他怕得要命，趕緊躲到餐桌下方「避難」。當時母親覺得他膽子小，逛街時逼他走在前頭，說男孩子要保護家人。昔日愛哭的小男孩，今天仍會為香港的時局流淚。有牧師看到擋槍一刻，想起耶穌捨身十字架，但Anthony稱自己不能攀比耶穌，當晚只是剎那間的「匹夫之勇」，本能反應去做一件應做的事：「我只是這時代裡面，當刻被選中的人。」

風起雲湧的時代，香港先經歷反修例運動，一年未了，《港區國安法》在即。當了六年傳道人的Anthony說：「基督徒應該有心理準備，教會遲早都有需要就不同議題向權貴表態。」

但緊記基督才是世界之主，只要有信念，信徒就會有勇氣，作出忠於基督的行動。」

二〇一九年港府修訂《逃犯條例》之際，香港浸信會聯會會長羅慶才牧師曾發聲明公開反對修訂《逃犯條例》，呼籲教會與弱勢的示威者同行。中央宣布推出國安法後，羅牧師再度發文，批評立法損害香港自由，反問教會是否要跟從「當權者的指揮棒起舞」，提醒教徒要明確地選擇站在哪一方。Anthony一直視羅牧師為榜樣，讚揚他：「以宣講真理為己任，是其是、非其非，是作為神僕先知的態度。」

宗教界對國安法的意見不一，聖公會大主教鄺保羅認為，立法是不得已之舉，稱過去一年勇武示威者令社會充滿暴力，國安法可令香港恢復秩序，呼籲市民和平理性地表達訴求。Anthony也認同和平示威，表示「非暴力手法」是主流基督教的主張，「但有些歷史處境中，如保家衛國之戰，暴力的運用和合理性有商榷餘地。有些聲明責備暴力，但從來無解釋事件前因後果，亦沒有關注社會上其他制度、言語等暴力，我就覺得有欠公道。」

近日支持國安法的團體在荃灣設置街站，有年輕人與街站支持者衝突，Anthony再次上前充當和事佬，「我有自己的立場，但如果可以的話，都希望大家和平共處，各自表達。」

二〇一九年六月十二日金鐘大衝突，一位香港媽媽走到警方防線前，哭求警員停止攻擊——這個形象深印Anthony的腦海，無論是擋槍或是當調解員，他相信在社會衝突中，總要有一些人走到雙方中間擔起緩衝的角色。Anthony決意與年輕人同行，但感嘆現在社會二元對立，難有中間派的意見：「為何香港人互相攻擊，有你無我，一定有一方絕對正確，有一方絕對錯誤？」

在舊約聖經中，先知哈巴谷詢問上帝，為什麼惡人興盛，義人受苦？為何上帝對不公義視若無睹？上帝回答說，惡人的刑罰必有日期，而義人亦會因信得生（以賽亞書13:11）。

無論時勢如何荒誕黑暗，Anthony深信上帝始終掌權，但眾人的盼望未必能在現世實現，惟待耶穌重臨之日，「聖經說，我們要行公義、好憐憫，但是否一定達到預期結果？社會會有改變？未必的，未必如我們所願，但有些事情你該做就要去做，這個是應有之義。如果事事看效益，有好多事就不用做了。」

8·31
FREE
H·K

受訪者｜太子站被捕者 Process　　撰稿｜遙

誰是
被害者

「成架車嘅人，第一個反應都係『吓唔係呀，點走？』大家都唔知發生咩事。」

8.31

攝影 Ramsey Au

二〇一九年八月三十一日是人大「八三一框架」五周年，民陣發起遊行，警方拒發「不反對通知書」，當日的港島遊行被定性為「非法」。結果市民以流水式遊走港島，金鐘政府總部和立法會附近一帶爆發警民衝突，催淚彈橫飛，警方水炮車首度發射藍色水劑驅散示威者，警民對峙及後延伸至九龍。

入夜後，有示威者與四名不同政見的市民在港鐵太子站一列前往調景嶺的列車內爆發衝突，警察衝進站內執法，快速撲倒並制伏多名在月台上的人，速龍小隊更揮棍攻擊對面月台車廂內其他乘客。在另一列車的一位身穿白衣的男生，緊抱著友人失聲痛哭，蜷縮在車廂一隅向警員求饒，大叫：「唔好呀！」不知是汗是淚，只知頭和衣服都被弄至濕透。幾卡車廂散落著大量急救醫療用品和示威裝備，還有口罩、折了骨的雨傘，和多張染滿血的紙巾，一片狼藉。

警方控制場面後，一反以往配合傳媒的做法，勒令「清場」，逼令記者離場，出現數小時無紀錄的真空。

「八三一，打死人」之說，自此不斷在街頭響起。往後每個月的最後一日，都有市民到太子站B出口獻上白花，獻給似有還無的「死者」，也獻給已逝去的「警察」。

晚上十時許，Process換裝後坐上前往調景嶺的列車，和身邊的手足討論下一步行動。駛至太子站後，列車在月台停留了數分鐘仍未開出，車廂內重複廣播著：「由於前面的列車尚未開出，本班列車將稍微延遲。」他怎也沒想到同一列車的其他車廂，正有示威者與其他乘客發生衝突，也想不到速龍小隊將會衝進月台和車廂，棍打並制伏在場者。他更沒預料到，自己會因走避不及，困在扶手電梯而被捕。

「登——登——緊急廣播，由於發生嚴重事故，本站將會關閉，乘客必須立即離開……」突然間，港鐵大堂響起語調嚴肅的廣播，月台上的電子屏幕亮起了紅底白字的訊息，呼籲所有人馬上離開。Process還記得，當列車上的乘客聽到這個廣播，都表現錯愕：「整班車的人，第一個反應是：『是不是真的呀，怎麼走？』大家都不知發生何事。」當刻的太子站，氣氛緥緊，有人說「速龍」和防暴警員正從樓梯下來，Process雖換去黑衣，但身上還有少量裝備，他覺得形勢不對勁，決定離開車站，畢竟太子站外就是旺角警署。

逃不出的月台

Process跑到位於月台中央的扶手電梯，看到大批市民擠在梯上動也不動，於是走到對面月台的扶手電梯，卻發現那裡同樣擠滿走避的人，他只好在電梯底等待上面的人離去。「他們只是嚷說走不了，停了，不上去，當時都沒想到，轉乘觀塘線列車離開其實更安全。」

半分鐘後，數名速龍小隊成員已跑到扶手電梯，迅速擒下數人。Process見狀，便打算和部分手足冒險救走被捕人士，卻遭警員警告：「控告你襲警，不要計劃搶犯。」同時，多隊速龍正從四方八面衝進月台和車廂，站內繼續放著緊急廣播，有乘客失措地靠在牆邊呆站，而被警員制伏的大多是年輕人。未幾，防暴警員亦到場增援，他們命令扶手電梯上的人不要動，又拿起警棍作狀要打他們。Process和身旁的市民緊緊貼在一起，當下他已知道自己將會被捕：「我第一個反應是：『唉屌，終於到我了。』」

防暴警施暴

Process的腦海閃過許多警暴畫面，一種恐懼感油然而生：「像電影《恐懼鬥室》（台譯：奪魂鋸），可能下一秒就會死。」此時，一名在電梯上的防暴警員突然瞄準他的頭並向他揮棍，卻打中了他前面的男生。那位防暴警下手十分狠，朝男生的頭部打了最少三棍。捱了第一棍後，男生的雙眼已瞬間通紅，不禁流淚。「當時我看著他，真不知和他說什麼，只安慰他：『沒事的，沒事的。』」一對男女看見此景象，嚇得全身發抖，亦有人哭著喊救命，驚叫聲不斷。「不要說還擊，保護自己也做不到，感覺類似準備打靶，然後我叫他們『不要打我靶』一樣。」

然而，警員未停止攻擊，在扶手電梯旁的速龍小隊成員一把舉起胡椒噴劑向梯上的人不停噴射，Process的背部和左手臂被大幅噴中。他當晚被捕沒法沖洗皮膚，中椒的部份紅了一大塊，痛得像被火燒，「好像發脹一樣，我在想我隻手是否斷了。」傷勢一個星期才逐步復原。

與此同時，本來看守人群的防暴警員，開始踩著電梯上的市民步下月台。Process形容情況猶如「人疊人」，電梯上的人皆蹲在梯級上，警員一個一個踩著他們的頭和背下來，邊走邊說：「不要張望呀！」梯間不時傳出痛苦的叫

攝影 遙

聲，Process卻覺得因為自己的腎上腺素飆升，整個人被恐懼濃罩著，忽略了痛楚，「整個腦空白了，那一刻不會想到任何事，真正任人魚肉的感覺。」一個不慎，電梯上方的人失去平衡，壓在Process身上，加上警員輪流踩在他背上，他的左腳終被扶手電梯的鋸齒刮傷，在小腿上留下了一條條血絲。

然而，其時警察已將太子站「清場」，逼令傳媒離開，是故沒有人紀錄到站內情況，未能監察警方執法；及後，港鐵拒絕交出站內的閉路電視片段，令港鐵成為往後示威者攻擊對象之一。

列車上的非法集結

防暴警員抵達月台後，隨即要求所有人面壁，以及將雙手放在頭上。警察在每人手上繫上膠索帶，把他們逐個帶到附近的牆邊坐下。半小時後，他們被送上一輛特別列車前往荔枝角站。

看過多次示威者被捕的片段，Process以為自己已做好了心理準備，知道萬一被捕該如何應對，甚至想像自己「好tough，會反抗」。到了真的被捕，卻完全是另一回事。那時他才發現，所有事情並非如他所料，自己的腦袋跟心理根本未準備好：「會好似hang機（當機）一樣，不知做什麼。連最基本的資訊：『我冇嘢講』（網上教導示威者被捕時以「我沒話說」應對警察，待律師到來），都會突然全忘。」

在特別列車中，被捕者分了數卡列車送離太子站，他們不吭一聲，車廂很靜，大部分人都低下頭來。Process事後被控非法集結，警方並無告知他涉嫌參與非法集結的地點。

被捕的代價

於警署逗留四十多個小時後，Process的代表律師向他表示需要通知家人。他不想讓「藍絲」父母知道自己被捕，便透過電話通知了同是「黃絲」的弟弟以及讓朋友來保釋他。回家後，他感覺到父母已知悉事件，卻意外地沒有因此向他發難，反而毫無過問，之後亦沒提過他被捕一事，但換來的，是不瞅不睬、不聞不問。

經歷八三一後，Process有感難以繼續留在家中，在九月底跟數個示威者合租了一個單位居住，有時整個月都不回家。即使如此，他的父母卻從來沒有問過他去了哪裡，大家的交流幾乎是零：「大家都當對方透明，維持這個溝通模式比較舒服。」他形容父母「深藍到發黑」，在新聞看到暴力畫面會指罵示威者，認為抗爭是「反中亂港」，香港人應「乖乖聽話」。容易暴躁的Process往往忍不住反駁，也嘗試用客觀資訊解釋示威者的立場和動機，可惜父母就是聽不入耳，還試過大罵他：「死仆街，生狗好過生你。」

八月初晚上，Process已在家中參與「十點鳩叫」（每晚十時與鄰舍高叫示威口號）活動，在窗邊大喊反修例口號，隨即觸動父母的神經線。父親憤怒得緊握拳頭，在走廊已跟Process開戰：「他差不多爆血管一樣，整個人已經『起晒鳌』（劍拔弩張）準備打落來。」他終被父親趕出家門，拿著手機和錢包，走到家附近的麥當勞，做了一晚「麥難民」（香港對窩居全天候營業麥當勞之無家者的諧稱）。

兩代人不但因政治立場而鬧翻，父母更不願為他提供經濟上的支持。去年Process獲大專院校取錄，需要申請貸款繳學費，父母卻拒絕提供入息證明，最終未能趕得及在限期內繳費。Process本以為自己會有整整一年沒書讀，已打算找工作賺錢讀書，後來幸得支援基金和立法會議員幫助，才可以在九月如常開學。

恐懼的延伸

「整天會想著何時清算，何時到我，出入又不知會否有便衣（警察）跟蹤我，真的像『生活在恐懼裡』。」經歷過被捕，Process現在變得更敏感，乘車時會四處張望；遇上會反光的牆，又會看看有沒有人在背後跟著自己，感覺到哪裡都不安全。有時晚上獨自留在與示威者合租的房子內，更會回憶起八三一當晚那種接近死亡的恐懼感。他吸了一大口氣，想了一會：「我想臨死前那種折磨，是會經常有這感覺——不知何時死，有份白色恐怖給予你的恐懼，就會有好多掣肘，不夠膽做。」

Process經歷八三一後也開始了寫遺書的習慣。至今他只寫了兩封：一封寫給未來的自己，另一封是給「同行兒女」，告訴他們自己在運動中的成長和想法。現在置身抗爭現場，Process還是承受不了內心的不安，到了某個時候就「頂唔順要走」：「現在每吸一口氣都（覺得）特別重同大，即使前面沒甚麼，我也感覺自己像被四周的牆夾實，那種壓力逼到你抖不過氣。」

恐懼可怕，他坦言，為了自身安全和未來，他會衡量每個示威的風險和成效，以及自己能承擔的程度，再決定是否要出去：「之前好感性，有人『吹雞』（號召）就會去，比較像小朋友，現在相對比較理性。」

恐懼卻沒法令人卻步，Process不斷反思香港人還有什麼可以做。以前連「超級區議會」是什麼也不知道的他，現在甚至能說出自己對35+（民主派就二〇二〇立法會選舉提出目標：取得立法會過半逾三十五席）的看法：「我都不會想到自己會看一至兩小時的政治影片，現在我一見到就會按進去看。」

暴力的被害者

八三一轉瞬間快一周年，每月的悼念活動不斷，Process曾到太子站點香和燒冥紙數次。作為被捕者之一，Process至今仍覺得警方當日濫權執法。監警會就八三一的審視報告並無解釋或查明警方「無差別打人」之說，只表示：「（警務人員）根據觀察及專業判斷，成功識別裝扮成普通乘客並散佈在港鐵月台各處和車廂內的暴力示威者。」特首林鄭月娥之後亦表明，不會成立獨立調查委員會調查警隊，因為「削弱警隊會令暴力份子得逞」。

Process期望，香港可以在落實真雙普選後，成立一個有公信力的獨立調查委員會。但假若最終還是未能成立，他亦不會感到特別失望：「好多新聞同影片都可以見到警暴同警方濫權，（事件）真實地記載下來了，好難被篡改。就算政府不還一個公義予香港人或受害者，將來的人都可以透過這段歷史知道真相。」

因沒傳媒紀錄，加上港鐵拒交出閉路電視片段，再配合當時警察的暴力執法，均令不少人對站內情況起疑。未幾，即有傳出當晚警方「打死人」、「秘密運走屍體」等說。反修例運動中，政府、警隊失信於民，市民只相信自己相信的，未經證實的消息乘機攻陷人心，像細菌般於網上繁殖、滋生、傳播。

有沒有死人，支持或反對此說的，大家均拿不出證據，但後果就是，「八三一，打死人」的口號，在香港揮之不去，逝去的也肯定包括香港警察過去一世紀建立的良好形象。「八三一之後，他們（警察）所有的行為都被放上枱面，他們明目張膽地攻擊手無寸鐵的人，而且肆無忌憚，之後數代人都不會對他們改觀。」Process 所承受的恐懼，或者只是屬於一代人，但見證當中暴力的卻包括了下一代，而這份警察所建立的恐懼，只會一代一代傳承。

站在太子站B出口前，他百感交集。他說，若站內真的發生「打死人」事件，內心的愧疚感「不會隨時間揮發或消逝」。

攝影 Ramsey Au

攝影 Wing Tung

攝影 Jackie Yip

攝影 Ramsey Au

受訪者｜金仔、阿晴　　撰稿｜E君

人體極限
大撤退

「到時最多判我社會服務令，點都好過佢哋咁樣被人拉，或者被斬。如果要我放棄佢哋其中一個，我就唔得喇！」

9.1

攝影 Paul Yeung

香港的公共交通便捷，世界知名，私家車擁有率不足百分之一，主要是公共交通服務市民出行。但踏入九月，要離開示威現場，已變成一個不可能的任務，百分之一的車主，成為了打通交通淤塞，拯救手足的任督二脈。

金仔，擁有駕照一年多，真正的駕駛經驗不足半年，平日開車主要是接送女朋友阿晴，以及為自駕遊操練駕駛技術。二人拍拖兩年，遇上六月的抗爭運動，曾試過不同戰線：控煙、物流、文宣……直到八月初，他們首度加入「校巴戰線」（接送示威者的義駕車），由情侶變為「家長」，透過「救護車TG頻道」、「直線電話」，甚至直接在街頭「執仔」，完成一個又一個的「接放學任務」。

金仔笑稱自己是「新手上路」，除了女朋友的上班路線外，不熟悉其他的道路。而沒有駕照的阿晴，就擔當「氣象員」，幫忙留意路況、戰況、路障、撤退點等。她坦言：「我自己不是做這一行，我亦懷疑根本出來遊行的二百多萬人，未必有十分之一人ready去做這件事，其實大家都是硬著頭皮去做。」

太子站熱身圈

提到二〇一九年九月一日的機場行動，金仔的記憶伴隨著一點尿意慢慢回來。網民發起於九月一日堵塞機場，務求令香港機場這亞洲區航空樞紐運作停頓，以作籌碼，逼令政府答允示威者「五大訴求」。惟在此前一晚，警員首次衝入太子站執法，棍毆在場示威者及部份市民，及後「清場」，逼令記者、急救員離開，中空的一至兩小時，無人知悉站內情況，港人稱之為「八三一事件」。

當晚午夜時段，金仔與女友正忙著義載三位記者前往太子站。那時，金仔已知站內發生了大事：「當時有朋友在太子站，見到速龍跑下來，幸好朋友找到車離開！」直到凌晨兩、三點，金仔才安睡在床。阿晴指，男友平時很早就寢，凌晨兩、三點已是他的極限。

但這一切也只是熱身，真正的人體極限戰正等待著他。

核彈！逸東邨有刀手？

九月一日中午過後，金仔終於醒來，那是一個陰暗翳悶的周日，最高氣溫達三十一度。他和阿晴如常吃著外賣，並留意著Telegram與連登的最新消息。由於那天是「機場交通壓力測試日」，有示威者無視法庭的機場禁制令，發起「和你飛2.0集會」，期望可以「揸爆佢春袋」（掐爆他的陰囊），爭取「攪炒」。

由於示威者以不同形式進出機場，車龍堵塞著唯一進入機場的馬路。至下午一時左右，機場交通開始癱瘓，有市民沿赤鱲角南路步行入機場，其後防暴警察及速龍出動清場。

金仔和阿晴當日也打算入機場接放學。但基於過往經驗，不會太早出車。「睇餸食飯」（看菜吃飯，意為看清情況再行事）是他們的行動準則。

下午六時左右，網上流傳一條「逸東邨迴旋處有刀手斬人」的片段。當時有持刀白衣人追斬穿黑衣的青年。這讓阿晴想起元朗白衣人：「不知會否又有人在街上斬人，又無王管，又找不到警察……」這場被稱為「恐怖襲擊」的「元朗七二一事件」，造成大量市民受傷，當中包括孕婦。

不久，阿晴得知有朋友正身處逸東邨，心情變得緊張起來。如果「七二一事件」重演，即使她和金仔立即出發，恐怕亦鞭長莫及。

「金仔有朋友住逸東邨，那兩個女生朋友就在附近，就問他可不可以接她們去他家，然後他說阿爸阿媽『藍』到痴線，就說不要這樣……」在「校巴」駛往東涌的路上，她不斷幫忙尋找撤退路線及「安全屋」。

接著，另一位朋友也請求「接放學」。不過校巴的車速並沒有因而變快。金仔解釋：「其實都會想開快一點，但始終車比較老，況且我不想還沒到達就撞車，也許一般的『超速』，路規時速八十公里，我開九十公里左右。」

冷靜穩重，是金仔的優點。而他在這天做到了「人車合一」的境界。

正能量寶寶！唔怕！

收到兩個「接放學」任務後，他們發現一條有趣的數學題。

2+2+2=6

從逸東邨逃離的是兩位女生，另一求助是一對情侶，合共接四人放學，而這是一輛五人校巴。

「我預計了會超載，最多我被人抓，他們沒事就可以，沒想過不載他們。」

金仔是眾人眼中的「正能量寶寶」，面對「超載危機」，他顯然能輕鬆面對：「法例說最高刑罰是罰款五千元和監禁三個月，那時最多判我『社會服務令』（不用坐牢但以服務社會一段期間作懲罰），總比他們被人抓好，或被人斬。如果要我放棄他們其中一個，我做不到！」

金仔不怕超載，只想把仔女都安全送回家。

全世界同我入嚟東涌！

九月初的香港，天氣依然不穩。

校巴由屯門出發，駛至汀九橋，就下雨了。微雨中有兩位身穿黑衫黑褲，戴著黃色頭盔的手足慢慢向他們步近。

「其實一看就知道是自己人，他們垂頭、反方向逆風而行，衣服『發吓發吓』。我覺得更加緊張的是，嘩，他們都要這樣，後面的人不知什麼環境？那條路是馬拉松才會走，在欄杆和車中間，見到他們時好驚訝，你不會想到那裡有人的，大佬！」阿晴對這個畫面印象深刻。

金仔亦感歎：「他們真的好辛苦，那條橋都不知道多長！我都沒理他們了，走到這裡，沒理由再跟我進去的。唯有在心中默默支持他們，希望他們沒事。」

沿北大嶼山公路由東涌步行至青衣，大約二十公里，正常步速要三、四小時才能完成，加上當日路面濕滑，絕對是體能和意志力的考驗。

校巴滯留在青馬大橋近一小時，那對「求救情侶」已沿著翔東路步行出來，期待與校巴中途相遇。那時，雨勢已暫緩。

「其實我們的車，和他們走的路，是隔了個鐵絲網的距離，當我們由北大嶼山公路轉入翔東路之後，路燈不多，會怕miss了他們。如果錯過了，找不到他們，其實不如何處理，因為你又轉不出去。」

那時天色已暗，阿晴慶幸校巴顏色獨特，就像漆黑中的螢火蟲一樣鮮明、出眾，讓情侶及時獲救，雙腿不用再受罪。

與那對女生一樣，金仔和阿晴只認識情侶其中一人。男方曾擔心阿晴的手機「被hack」，進行多番確認後才願透露自己的確實位置。自從越來越多校巴投入運動，不少人對於家長的身份也多了一份猜疑，仔女間亦有「小心假校巴，安全回到家」的溫馨提示。就算是認識的朋友，也需要「真人認證」。

完成第一個任務後，校巴返回北大嶼山公路入東涌。隨著防暴與速龍推進，撤退的人群開始湧現。

「看見手足在另一條線反方向走出來，當時知他們是頂住車輛，不要讓後面的警車衝上來……看到他們很多人望過來，但我已經沒空位，心理上有不舒服的感覺。」即使是正能量寶寶，也會有難過的時候。

「當時車內有水，就問他們要不要。」阿晴補充，校巴常備的就是瓶裝水和上衣。「到時有人上車，我有衣服讓他們替換，有十多件左右，有白色、灰色、不同尺碼。自八月開始，就一直放在這裡。水也是，兩、三支，五百、七百毫升的，誰要就給。」

再塞車了近半小時後，校巴終於駛到兩位女生的放學地點，同時也迎來一場更大的雨。負責偵測目標人物的阿晴表示：「那時好大雨，車窗是白白一片，甚麼都看不到。嚴格來說，我們沒有找到她們，是她們自己找到我們的車。」

晚上八時左右，所有仔女成功上車，但危機卻未真正解除。

誰人逃亡　遺下GEAR？

六人看著手上的裝備，進入一場爭分奪秒的小組討論：

「棄裝」利多於弊？

阿晴曾提出保留裝備，但最後遭到否決：「不斷有人說這裡有『狗』set roadblock（設路障），我們都想著塞車是否因為有roadblock。因為沿路慢駛途中，都見到有人開車窗把裝備扔到路邊草叢，每隔一、兩米都會見到一件，有頭盔、眼罩、豬咀……都有想過藏在車內，不要浪費，但最後討論完之後都覺得是『他們要找一定找到』，何必省這些錢。我們好快達到共識，可能一、兩分鐘，叫大家各自找找有沒有位置可以塞，找不到就算了，扔掉吧。」

處理完裝備後，四位仔女擠在三人後座閒談著。平時的接放學任務，金仔和阿晴也不太跟仔女聊天，這是一種保護。除了回家路線和基本的「口供」（例如大家的名字、人物關係、出來的原因等，以作被警方截查時按劇情發揮之用），其他的都不會多說。

有時候，他們也會播歌。Shine的〈不怕〉是阿晴那段時間最愛的歌：「對自己來說，最大的敵人是恐懼，共產黨就是用恐懼去控制我們。那首歌在這段時間是一個好好的提醒和打氣。」即使大家如阿晴所說「未ready」，但在硬著頭皮的過程中，或許也漸漸變得勇敢吧？

「世界太可怕／便強大到／學會不怕」

回家的路上，他們正正是聽著這首歌，車廂內一片輕鬆的氣氛，而司機的身體卻默默進入「緊急狀態」。

獻膀胱給香港

「我人生未試過這麼急尿！」

簡潔的剖白，讓人聽到膀胱的吶喊。

「沿路他們都一路叫我在外面屙，因為塞得好厲害嘛，但我真的無法接受人人有車cam（攝影機）拍著我屙，因為你會紀錄我屙尿，然後你會看到我車的車牌，又可以查到車主的名，只能夠『堅持』下去。」

夜幕下，連綿無盡的車尾燈映入眼簾，然而金仔對此並無太大感覺，也沒想到這一夜會成為經典的「港版鄧寇克大行動」。尿意已佔據了他的整個人生。

「他心中應該只想著：『快點屙尿』，容納不了其他事。」阿晴除了肚餓外，身體並沒什麼不適，對於回家的路有相對清晰的記憶。看著紅紅的車龍、瑟縮在巴士行李架上的手足，看到無論是校巴司機，或是真正的巴士司機，都想把人安全送回家……這段路，讓她感覺複雜：「有種緊張感，又有少少感動，覺得是一齊做一件事，但緊張感居多。其實好矛盾，知道那麼多人其實都不會有什麼事發生，但不知那班狗又說不定真的有膽做！」

五小時的大長征，並沒讓金仔變得如阿晴那樣感性，但他與膀胱的關係卻產生極大變化：由無視到壓抑、由掙扎到釋放……當校巴回到安全地帶後，他設法用人生最快的速度，由停車場跑往洗手間。那段三百米的距離，比起他二十多年的人生還要長。阿晴笑指當時金仔是以「夾腳」的姿勢奔跑，狀態就像一個穿了人字拖的短跑手一樣。

當尿意全消後，金仔重返人間，甚至表示可以再接任務。

「我已經屙完了，我不怕！」他自信地說。

凌晨一點左右，金仔以「一秒入睡」的絕技為「全港最大型接放學行動」畫上潮濕的句號。

何以 這土地 淚再流
何以 令眾人 亦憤恨
昂首 拒默沉 吶喊聲 響透
盼自由 歸於 這裡

何以 這恐懼 抹不走
何以 為信念 從沒退後
何解 血在流 但邁進聲 響透
建自由 光輝 香港

在晚星 墜落 徬徨午夜
迷霧裡 最遠處吹來 號角聲
捍自由 來齊集這裡 來全力抗對
勇氣 智慧 也永不滅

黎明來到 要光復 這香港
同行兒女 為正義 時代革命
祈求 民主與自由 萬世都不朽
我願榮光歸香港

受訪者｜彭超然　　撰稿｜梁奕豪

一首港歌的誕生

「我講得出就唔怕後果，若果畀首畀尾不如唔好講，更何況呢個係關乎香港人嘅事， 而我係香港人，呢度就係我嘅屋企——香港。」

9.10

攝影　梁奕豪

二〇一九年九月十日，〈願榮光歸香港〉一曲響遍全港各區。當日，香港足球代表隊在大球場迎戰伊朗，球證鳴笛開賽前，球迷隨即合唱，聲浪比起中央廣播的國歌更巨大；中場休息時球迷築成人鏈，再唱；球賽結束以至走到銅鑼灣鬧市，仍在唱。同一晚，上千名市民響應號召，齊集於十八區內的商場不同步地合唱。一夜間，〈願榮光歸香港〉成為了「香港之歌」。

「何以一首歌會令人如此深刻？我想是因為有代表性和歸屬感。若你問我〈願榮光〉最深刻的一句？我會說是『我願榮光歸香港。』」說罷，彭超然哼起這一句歌詞，令人起雞皮疙瘩的旋律油然響起。

那夜，還未成為大港腳的彭超然沒份兒站在球場中圈，但他卻站在不常停留的商場中庭，亮起手機電筒，隔著維多利亞港與球迷一同和唱。他認為，自己這一年站在商場甚至街頭上的日子，比站在足球場還要多，但回想起九月十日在大球場唱〈願榮光〉，曾是港隊二十三歲以下足球代表隊及香港精英學界代表隊成員的他，多渴望自己有份兒置身場區中。

港歌大勝國歌

「球迷不能用喇叭，再大聲都是人聲，但你能從直播中聽到球迷是大聲地唱出來，欲蓋過用喇叭廣播的國歌，這也解釋在球迷眼中更傾向以〈願榮光〉作為港隊的歌曲，而非國歌，那是一種集體共識性。」

對於多數人，人生除了在學生時代的音樂課之外，大概自此與國歌絕緣；但對於代表隊成員的彭超然，國歌有時候是足球的一部份，因為參與國際賽時，奏國歌是不可避免的儀式。彭超然明白香港作為中國的一個特別行政區，跟隨國家以〈義勇軍進行曲〉為國歌是理所當然，可是他肯定這跟香港人與國歌所承載的文化是兩碼子的事。

〈願榮光〉不過在八月三十一日才首次上載至網路，只花不足兩星期的時間，就抵上了過去二十三年〈義勇軍進行曲〉在香港作為國歌的推廣，亦比〈海闊天空〉更全面覆蓋和勇光譜。

「你看見港隊比賽奏國歌，正常的話也沒人跟著唱，香港人（對國歌）是沒有感情，很循例的一件事，從來沒有感受，因為這不是你曾經歷過的事，只是不斷有洗腦告知你：『這是國歌。』可是〈願榮光〉由抗爭第一日開始紀錄至今，每句歌詞、每粒旋律，蘊含著的不止音樂，也是生命、淚水、血汗、還有很多人情味。你能從歌詞中幻想到畫面，例如『何以這土地淚再流』。為甚麼土地會流血流淚？歌詞令你聯想起抗爭畫面，細味過後更覺寫得貼切，彷彿你也置身其中，很有歸屬感，這是國歌無法給你的感覺。」

昂首進場的儀式

五年前，世界盃亞洲區外圍賽，香港對中國，那是一場後「佔中」的中港對決，也罕見地一場國際級比賽，雙方奏著同一首國歌。作為代表隊成員的彭超然，坦言過去未曾在意國歌儀式，但若然有朝一日〈願榮光〉成為代表隊的歌曲，他會毫不猶豫地跟著旋律高唱。

「作為球員，定必幻想過像世界盃的進場儀式，感受自己的國歌響遍全場的澎湃和震撼。可是現在代表香港出賽，播的是國歌，感覺是將兩樣東西放置在一起，外國人也會因為國歌以為香港是中國。然而當播放的是〈願榮光〉，這是很signature地告知我是香港人，代表的是香港，而不是『中國香港』，那種身份認同是非常重要。」

《國歌法》助攻

然而，理想歸理想，彭超然也明白這種理想，在現實中也不過是狂想，而隨著延宕大半年的《國歌法》終在二〇二〇年六月十二日正式生效，也意味著這種狂想最終只會變成妄想。可是彭超然認為，《國歌法》的出現，更能反映出〈願榮光〉的重要性。

「〈願榮光〉從來不需授教，人人都主動學、主動唱，你會自發地了解歌詞意思，那種感染力一傳十、十傳百，不像國歌般很教書式洗腦地要你學識，問心你有多了解國歌？只要那首歌曲真正能代表香港，其實不用立法，當奏起國歌時每個人都會展現出對歌曲的尊重，這才是真正的代表性。」說罷，彭超然又在無伴奏下哼著〈願榮光〉的旋律，在元朗大球場的看台下一小角輕柔地迴響著。

涼風拂面，天清氣爽，沾上水滴的綠茵散發出清澈草味。「其實我也很久沒踏足這個球場了，起碼自疫症之後，幾近四個月。」彭超然用手輕輕按壓移位的口罩。

七二一的中場激勵

從小在新界長大的彭超然，現時效力的港超聯球隊是元朗，然而元朗的班主卻是傳聞有份參與「元朗七二一白色恐襲」的王威信。球會形象大受影響，球員也無奈活於七二一的陰霾之下，元朗儼如成為了「白色恐怖」的代名詞，對敢於高調承認是「黃絲」的彭超然，難過雖說不上，但難受卻不假。

「去年七月之前，我是效力夢想FC，可惜球會解散，於是轉投元朗。簽約日子本應是七月二十二日，沒想到前一天就發生七二一事件。當時心情很矛盾，合約內容早已落實，但到底應否簽約？簽的話好像對不起良心，但不簽的話就此一直失業，生活無以為計。你怎樣抉擇？」

彭超然坦言不是偉人，在權衡輕重之後，最終他在八月簽下合約。他認為自己是為球會效力而非班主，即使與班主政見不一，也不會改變他的政治立場。每逢提起七二一，他也不忌諱地直斥其非。

「我現在打電話報警說被人搶劫，他肯定能在五分鐘之內到來。警察常說雨傘是攻擊性武器，但白衣人拿的是藤條，裡面還加裝鐵珠。普通人行過指罵你幾句，你就說是襲警，你能對香港人如此勇悍，為何對付黑社會時卻顯露懦弱，避之則吉？」彭超然怒氣沖沖，粗口橫飛，與幾分鐘前還悠然哼歌的他判若兩人。

破釜沉舟的反攻

警察人工高、福利好、有加班費又有津貼，連政府也以此作為宣傳，招募學歷較低的年輕人，與人工第一年只有四千元底薪月薪的足球員相比，不論仕還是錢途，都是天壤之別。然而，經歷過球會解散而憂心無球會落班的彭超然，也拒絕因福利而投考警察，全因兩個字——良知。

「電視劇集裡的警察看起來很正義，拉不合法的人，但當你知道他們的黑暗面，為了充數而將犯人屈打成招，那又算不算正義？加上過去一年出現過的被自殺、被警暴、被槍傷的同路人，警隊形象在我心中早已破滅。加入警隊改變風氣？你一人如何有能力改變三萬名警察的價值？別跟我開玩笑了，你要我打人，我真的不能落手，這是良知問題。」再次提起警察，彭超然依然火氣十足，他坦言將過去半年應投放在足球場上的怒火，全都轉移到警察身上。

過去半年，港超聯因疫症而暫停，部份球會因而出現欠薪情況，彭超然效力的元朗足球會更在今年五月時宣布解散，而這次已是彭超然五年職業生涯內，第三度面臨球會解散。

「五年前出道時效力九巴元朗，在球會第二年因資金問題而季尾解散；後來加盟夢想FC簽約兩年，人工不俗，也打上主力，可是一季後球會突然宣布解散；去年重返元朗，又不幸遇上武漢肺炎，最終因資金問題解散。」說罷，彭超然也苦笑起來，僅以一句「黑腳」來打圓場。

對於自己去哪裡就有不幸的際遇，他認為除了自己「黑腳」外，也歸究於香港對運動的認受性。

沒有支持者的足球場

「我們從小到大灌輸要讀書，將來找份能賺錢的工作。只顧做運動不讀書是沒前途，這樣的話，就算極高天份的美斯（Lionel Messi）生活在香港也是死路，因為做運動員不受重視、也賺不了錢。人家不會因為體育好而覺得你出色，他們只會在意你當全職運動員能否『搵食』（有飯吃），因為所謂的『搵食』就是用最少的力賺最多的錢，體育是反其道而行，專業價值很低微，永遠不能與知識型工種相提並論。當年『689』（前特首梁振英的戲稱）也講過體育沒有經濟貢獻，很現實的。」

面對這種「搵錢（賺錢）至上」的價值觀，再豁達的彭超然也曾看在心裡，尤其在過去一年，公然政治表態更如同「自斷財路」，但驀然回首，彭超然卻對此一笑置之：「我講得出就不怕後果，若然畏首畏尾不如不說，更何況這是關乎香港人的事，而我是香港人，這裡就是我的家——香港。」

大人肯罷工
細路使乜衝?

受訪者｜中環打工仔 **Kelly**　　撰稿｜木

Lunch
如打仗

「中環人食 **lunch** 本來就好重要，好似打仗咁，要諗好咩時間去邊區先唔駛排好耐，政府居然可以激到中環人食都唔食，要『和你 **lunch**』，真係好痴線。」

10.2

攝影 Jackie Yip

「十月一號，賀你老母」的口號雖然響遍全港九，多區開花，但二〇一九年十月一日真正打入每個香港人心坎的，卻是荃灣的手槍槍聲。一名警察向一名示威者近距離發射實彈，該名中學生示威者，應聲倒地。

十月二日，中環人餓，但吃不下。自二〇一三年起就在中環工作的Kelly，雖然曾在雨傘運動的佔領區內食lunch，但在這次抗爭中，更將神聖的Lunch Hour，獻給中環首次的快閃示威。

Lunch Hour的中環，是比非洲草原更殘酷的獵場。成千上萬的打工仔，在兩米寬的街道上四處奔走，在人流中左閃右避。鎖定目標，如鬣狗圍攏獵物。人們在寸金呎土的餐廳裡，擠入人均一平方米的坐位，如野獸般以光速進食，侍應再以迅雷不及掩耳的速度清理現場。這就是Kelly和每個中環人的戰場。

「中環上班」在香港是成功的身份象徵，香港人的時間矜貴，中環人的時間更矜貴，午飯時間也一樣。「中環午飯時間非常珍貴，不想排隊，或想食某家餐廳，都要很有計劃、很有策略，否則就要買飯盒回辦公室食。」Kelly的辦公室位於中環尺租最貴的大廈，一街之隔，就是德輔道中與畢打街的十字路口，那個國際媒體最常取景的中環。

上班扮工

十月二日是中國國慶假期後的第一個工作天，身為打工仔的Kelly，當日的心情比平常連假過後要上班的星期一更差，但她仍需要如常從東區的家回到中環。十月一日多區的抗爭中，警察在荃灣大河道街頭向一名示威學生上半身開槍。由新聞片段所見，該示威者中槍倒地後，在場警員未有即時拖救，反倒是另一示威者甘願被捕，棄械央求為槍傷者急救，中槍學生送院後一度危殆。「其實在運動那段時間，上班已經是沒有心情，當日就更差，怎可能接受得到警察向示威者開槍，所以根本不可能專心工作。」

在與時間鬥快的上班路上，開始見到Telegram和連登討論區有呼籲中環人「lunch 快閃遊行」，自命為和理非的Kelly也懶理有沒有不反對通知書了：「身為和理非，有快閃遊行總要支持一下。」但因為最近公司的餐廳是被歸納為親政府的「美心」，她準時十二時離開辦公室後，索性走遠一點，到黃店買一個飯盒，再準時十二時半抵達遮打花園預備遊行。「沒理由拿著美心飯盒去遊行吧？」

十二時，是中環午飯時間的上半場，人群開始陸續聚集在遮打花園。「一開始大家都是三五成群的站在一角，因為沒有大台，有部份人有印標語，逐漸開始有人喊口號，之後就開始越來越多人。不過也預計了一定會多人，畢竟中環有很多人上班。」Kelly 回憶當時的口號選擇，亦充分反映中環的屬性：「其實英文會比較多，始終中環多外國人呀！Fight for Freedom, Stand with Hong Kong. Five Demands, Not One Less.」起步之初，一眾中環友仍然斯文，只走在人行道上，只是後來人真的太多，就走出馬路，成為了繁忙辦公日中環難得一見的街景。

下午一時，是中環午飯時間的下半場，但 Kelly 身為上半場的打工仔，因需要返回辦公室，沒法隨隊遊行到上環。「沒有辦法呀……快閃遊行真的是很快就『閃』了，要回辦公室，唯有繼續追看直播。」隨著下半場加入的人更多，遊行隊伍一直沿馬路走至商業區的另一端，更在一座商廈前的公共空間，宣讀起「中環：寧為玉碎，不作瓦全」的宣言，成功完成了一次不被警方阻止的和平遊行／非法集結。

中環形象的抗爭

寧為玉碎，不作瓦全，從來都不是中環價值。中環自香港開埠以來都是資本主義的象徵，「搵錢至上」才是一貫的中環宣言，「藍血」、英語流利的社會菁英，才是一貫的中環形象。Kelly直言想不到中環自快閃遊行開始，最終會進化至「和你lunch」全面擁抱勇武。

「其實快閃遊行，對一般中環人都沒有太大影響。你有你遊行，我有我買飯。」但「和你lunch」自十月開始不斷發展，警察逐步加強佈防，動輒封鎖雪廠街、畢打街等，更以非法集結的名義拘捕市民，反而逐步惹怒中環人：「一開始，中環已經有不少人受不了警察封鎖，特別是外國人，他們經常會和警察理論為何不可以走平日的那條路，影響他們的自由。」最愛穩定、最愛上班賺錢的中環人，也不願接受警察的「統治」。當時有不少人就諷刺低學歷的警察（俗稱「毅進仔」，因報考警察最低學歷為「毅進文憑課程」，毋須大學畢業）終於可以在中環上班，亦有人拍攝到警察拘捕中環人的自白：「我是毅進，我沒有什麼可以輸，我拘捕你，你不要太自大！」當自大也是罪，中環人就「罪孽深重」。

「中環人的午飯時間本來非常珍貴，好像開戰似的，要安排好時間和地點，才可以省下排隊的時間。政府居然可以惹怒中環人連飯也不吃，要『和你lunch』抗爭，真是十分瘋狂。」

回想二〇一四年雨傘運動期間，Kelly再支持運動，也只是在佔領區食午飯，午飯始終是最重要。

食飯變食催淚彈

「佔領中環也沒有在中環出催淚彈，其實我也沒有想過警察在中環，就在LV店鋪前面放催淚彈。明明中環沒有示威者破壞商鋪，只是走出馬路叫口號，為何要放催淚彈？」Kelly有了過去的比較，才會明白今日香港的不同。從前示威堵路，可以安坐其中吃午飯；今日示威堵路，卻只可以吃催淚彈和胡椒噴霧。警察破天荒在上班日的中環施放催淚彈，噴胡椒噴霧，白領上班族在LV店前『食催淚彈』的畫面，突破了全世界對中環的想像。

Kelly自言無辦法走到最前線，在「和你Lunch」中見到藍旗（警告為非法集結，警示市民離開）都會繼續留下，但見到橙旗（警示速離否則開槍）就會走。「其實催淚彈都不是太可怕，眼淚鼻水流完就好了，反而是胡椒噴霧一整日都難以清除。始終午飯過後，仍是要回到辦公室，不可以走得太前。」

中環人面對警方武力，結果不只進化成夾道歡迎勇武手足的西裝友，更進化成傘陣內的

「勇武」。眼見穿上班裙、平底鞋，卻戴泳鏡和普通口罩的OL組成傘陣，與防暴警對峙，明明沒有催淚彈，Kelly的淚卻掉下來，哽咽著：「我真的沒有想像到中環人會擁抱破壞，以前香港的社會運動是非常『潔癖』，對於五十萬人上街沒有打爛一塊玻璃、用愛與和平佔領中環，都是一種很和理非的想像。到今時今日居然敢於保護勇武手足，支持手足，真正『核爆都唔割』（縱使核爆也不和勇武手足割席）。」

誰說勇武一定要black bloc，誰說西裝不可以爬山。

工作為重的抗爭

在Lunch Hour過後，一眾中環人始終要回到辦公室。在辦公室內，面對公司根本無力處理的政治議題，Kelly的老闆只能以E-mail提點同事間要互相尊重，以免因政見不同而影響工作。Kelly亦明白這大概是唯一出路：「公司並沒有禁止大家討論，但大家都明白，討論完也不會有什麼成果，所以唯有少說一點。反正支持（示威陣營）的仍可以一齊『和你lunch』，公司不會施壓阻止。」

Kelly的朋友也曾告知她，曾經在拆中環路障的「藍絲」中看見她的同事，Kelly沒有失望，也沒有憤怒，只是笑了一笑：「我會有點擔心我的同事，始終那段時間是流行『私了』，如果我的同事被『私了』就麻煩了！」少了一個同事，中環人會擔心誰來處理他的工作。

強如蜘蛛人Peter Parker及超人Clark Kent，其實都有一份凡人的工作。但只有中環人，獻出自己的午飯時間。

攝影 Jackie Yip

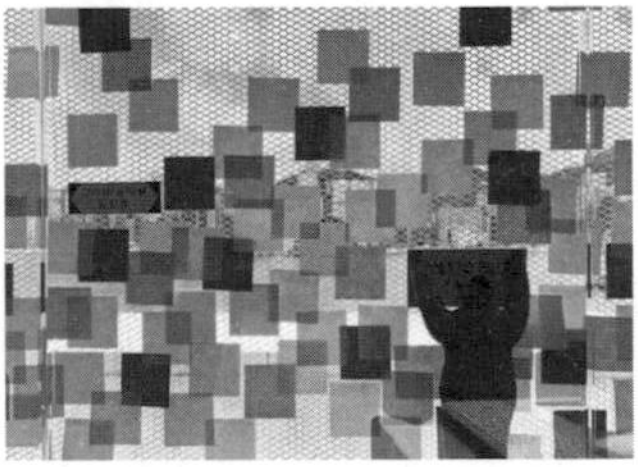

受訪者｜立法會議員陳淑莊　　撰稿｜靜

大律師
召喚術

「我覺得每個時間大家有唔同角色，唔駛勉強喺一個位置或者做唔適合自己嘅事。」

10.4

攝影 Wing Tung

武漢肺炎肆虐下的今日，口罩儼然成為了香港人不可或缺的必需品。但誰又記得，就在八個月前的香港，一個口罩，也能引發一場軒然大波？

二〇一九年十月四日，特首林鄭月娥引《緊急法》推《禁蒙面法》，禁止示威者在一切遊行集會中蒙面，警員更可在公眾地方要求被截查人脫下面罩。法例繞過立法會審議程序，於翌日零時零分正式生效。

上街的聲音蠢蠢欲動。萬聖夜，蘭桂坊從一夜激情的戰場淪為警察濫捕的修羅場。極權在和我們玩一場蒙面遊戲。

另一邊廂，十月六日，二十四名民主派立法會議員向高等法院提出以《緊急法》立《禁蒙面法》合憲性的司法覆核，原審一度裁定《禁蒙面法》違憲。正當大家鼓舞之際，二〇二〇年四月九日，上訴庭卻裁定政府部分上訴得直，《禁蒙面法》再度面世，市民再次失去戴上口罩的自由。而我們曾以為堅不可摧的法治精神，今日看倒像是個不折不扣的笑話。

身兼大律師的陳淑莊，是當時提出《禁蒙面法》司法覆核的二十四名立法會議員之一。在這個人人直呼「法治已死」的年代，她仍以司法覆核的方式，保住我們戴上口罩的權利。她覺得如果自己是醫生，法治就會是個重症病患：「這個瀕死的，難道不救嗎？」

身為一名立法會議員，當陳淑莊初次聽到《禁蒙面法》四字時，當下反應真的頗「議員」——二話不說，先查資料。

原來陳淑莊和廣大市民一樣，都是在十月四日前夕收到有關消息的流出。

「第一反應就是做功課。因為（記者）一定問你回應，回應都要有ground。」甫聽到立法的消息，她立即找出《緊急法》的法例細細研讀。彼時的香港人，對《禁蒙面法》的認知只是流於表面四字，陳淑莊惟有和團隊四出翻查外國的相關條文。當時亦有傳政府將以《緊急法》推行或修訂其他法律，他們也通通要準備妥當。

《禁蒙面法》頒布後，法例雖不冗長，但她卻越看越察覺出當中端倪，遂決定跟其他議員商討下一步的對策。

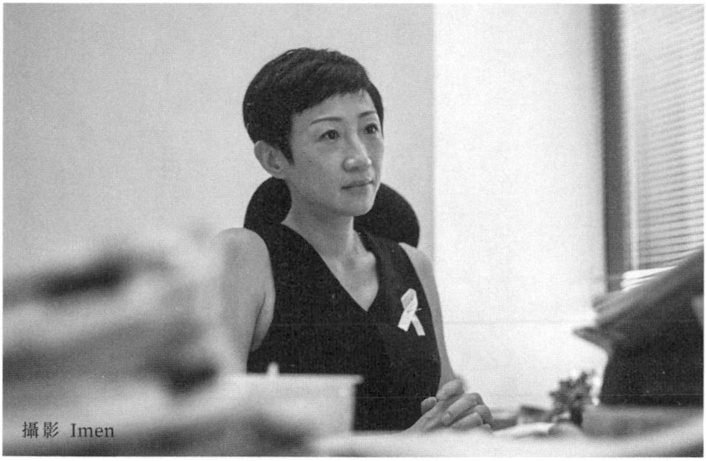
攝影 Imen

四日煉成司法覆核

在烽火硝煙的十月裡，街頭抗爭漸趨白熱化，議會事務亦從未間斷。大眾不免會好奇，短短四日間，二十四名立法會議員是如何從零開始，到提交一份完整的司法覆核文件？陳淑莊也不諱言，指要他們在短時間內達成共識，其實不如想像中容易。

「坦白說，議員做司法覆核是有一定難度。」

二十四人背景迴異，有熟讀法律條文的大律師，亦不乏法律背景較為薄弱的其他界別人士。民主派議員固然希望有一致行動，但並非所有人都能即時理解司法覆核的全部細節。她和部份任職大律師的議員，於是要重執教鞭，跟其他人解釋《禁蒙面法》的不合理處——法例持續的年期、條文字眼的模糊，諸如此類，待他們有基本概念後，再分析採取法律行動的好壞。

她又有點不好意思地搔搔頭，笑言自己像是回到律師樓裡不停「見客」：「我們是大律師，一般只是對律師解釋，普通客人就交由律師代為見面。但突然之間我們大律師要親自向『客人』解釋，強點為何，弱點有何可能。」陳淑莊說，當時事態緊急，他們根本來不及全盤覆述法律團隊的意見，幸好還能得到大家的信任。而議員們憑過往的經驗也明白，當特首可以繞過議會直接立法時，往後要煩惱的，可不會是一個口罩就能解決的問題。

《禁蒙面法》的一箭雙雕

《禁蒙面法》對港人來說看似荒謬，然而卻是香港政府要掩人耳目的最佳選擇。陳淑莊覺得，政府此舉可謂一箭雙雕，既能夠解決當時手足慣於在抗爭場合中蒙面的問題，又不會過份損害國際社會的觀感，因為很多國家亦設有相似法例。香港人要反對，便變得難上加難。

「外國都有，但其實香港條例是辣很多，瘋狂很多。」她舉出三點主要分別，證明港版條例的辛辣。一、《禁蒙面法》連合法的集會、遊行示威也禁止示威者蒙面。二、豁免條款中的健康理由「要preexisting」，即已經出現病徵、得到醫生證明的人士才可以免被檢控。陳淑莊感歎：「結果難以置信，居然應驗了。」二〇二〇年武漢肺炎爆發，所有香港人不論健康與否，紛紛在所有場合戴上口罩，公然違法，因為預防武肺也不符合preexisting的豁免條款。一切看來，都似是政府在自食惡果。

「第三是它所指的『處於』，『處於』的定義廣闊到呢……」規例對集會範圍的界定模糊不清，陳淑莊想起十月三十一晚在蘭桂坊的蒙面派對，對當晚的拘捕行動亦極度不滿：「蘭桂坊可能是指一條街，但我身在中環，警察大概都可以拘捕你。」非法集會的範圍，全由警方決定。

沒有把握的仗

突然要化身律師解釋條例，倒不是眼前的最大難題。議員們當下反而更擔心，怎樣才能跟時間賽跑。法例既已搶閘推出，眾多環境因素，他們又都要權衡。司法覆核，真的就能夠阻擋惡法嗎？入稟（提訟）的成效不得而知，陳淑莊怕不做會後悔，做了又只會白費心血。

「不做又如何，做又如何？做，你又攔截不到（法案），那你還做不做？究竟有何成效呢？輸又怎麼辦？上訴吧。」她先是連珠炮地提了幾條質疑司法覆核的問題，但問著問著，答案竟然就跳到在決定敗訴後的行動上。

勝訴的機會縱然渺茫，但陳淑莊不願就此向現實屈服。她強調，司法覆核是一件屬於香港人的大事，他們不能輕言放棄。看來入稟與否，她心底似乎一早有了定奪。

決定提出司法覆核後，議員們便要開始籌備訴訟費。打官司費用高昂，他們倒沒有多加猶豫，紛紛自掏腰包。二十四人共合資一百五十萬元，再加上眾籌得來的金錢，剛好湊夠五百萬元訟費，預計足以應付案件上訴至終審法院的費用。

政府試沙煲

今日再看《禁蒙面法》，陳淑莊覺得當時政府是抱著「賊佬試沙煲」的心態——先用《禁蒙面法》試探各界反應，效果不錯的話，就能在《緊急法》的框架下推出更多惡法。她語帶嘲諷：「反映香港至少也尚有一點邏輯，林鄭才會利用《緊急法》。」

陳淑莊又形容，《緊急法》就如一把大傘，給予政府無限大的權力。訂立法例，取消法例，所有程序都可不經由立法會審批。但這自然會衍生更多的爭議，「我覺得本身個阿媽有問題，你下面衍生什麼都是有問題。」

話畢，她歎了一口氣：「但現在已經第二件事，我們不再需要有邏輯，再沒有事需要用邏輯去思想。」訪問當日，新聞瘋傳港版《國安法》即將壓境，陳淑莊唏噓道，今時今日的香港早沒有丁點邏輯可言。以往的《緊急法》對上今日《國安法》，亦只能說是小巫見大巫。

街頭之外的戰場

整個十月，陳淑莊忙於處理司法覆核事務，又不忘探訪在警署內的手足。當被問及議員們是如何從議會和街頭之間取捨，又是為何會義無反顧地選擇留在體制內抗爭，她怔了怔，然後噗嗤一笑。

「我的印象是沒有議員會either one（只選其一）。」街頭這個地方，她倒不覺陌生。但爽朗的笑聲背後，她卻流露出幾分難得的無奈。

「除了我之外，因為我有緩刑在身。」陳淑莊去年因二〇一四年佔中案被判緩刑兩年，自是遺憾要跟街頭暫別。但在她的理解裡，從來沒有議員是不「落街」的。手足一上街抗爭，他們就從立法會出來，「落街」做支援的角色，一年之間踏遍整個港九新界。不過她也同意，議員的存在也有不同的意義。有人每到重要日子就「爛身爛勢」（不修邊幅），方便隨時走上街頭；像是她這類不能上街的，更要另想辦法，以發揮自己最大的功能。

兄弟爬山　各師各法

雨傘革命時期站在最前線的她，如今選擇慢慢退一點，走進警署探訪被羈留的手足，順道照顧他們的家屬和朋友。言談間，陳淑莊也有點僥倖，因為但凡是沒有一點法律背景的人，即使你貴為議員，也難以跨過那些堆疊在警署外的大型藍白色水馬。她的背景、專業，恰好給了她一個適合的新崗位。

「尤其是在起初運動開始時。」她憶述，運動初期的被捕安排極為混亂，律師動輒要等上十多小時，才得以見到當事人一面，期間更不乏突發狀況的發生。陳淑莊便能在此時發揮自己的作用，為大家轉達意見。

話鋒一轉，她亦想起在警署探訪中，她的到訪常會令人感到吃驚，一句「為何會是你」脫口而出，她便無奈地應一句：「我也是大律師。」即使她不能上街，她卻能在後方支援手足。陳淑莊說，這亦是流水式抗爭的一種。

也許所謂的取捨，並不存在，重點只是在於選擇自己能做好的事。陳淑莊最後道，抗爭之路不止於一兩件事，最重要是認清事實，安撫情緒，找好自己適合的位置，才能繼續前進。「我覺得每個時間大家有不同角色，不必勉強在一個位置或者做不適合自己的事。」

攝影 Ramsey Au

攝影 Wing Tung

NOT US, WHO?
NOT NOW, WHEN?
香港人反抗

受訪者｜急救員阿仁　　撰稿｜梁美寶

Wounds of Hong Kong

「我當時背脊好痛！但我全程非常清醒。喺我身邊嘅FA隊友立即幫手急救，然後我就送咗去醫院啦。」

11.2

攝影　高仲明

反送中運動由六月發展至十一月，警方已發射超過五千枚催淚彈，並已由十月開始轉向國內採購，但仍無法阻止香港人對修訂《逃犯條例》的不滿及五大訴求。

一百二十八名參加二〇一九年區議會選舉的民主派候選人，申請於二〇一九年十一月二日集會，警方以集會可能引發暴力衝突為由，發出反對通知書，但候選人仍無懼警方打壓，堅持於當日下午三時於維多利亞公園中央草坪發起選舉聚會。候選人打算於草坪不同位置進行選舉聚會，並以每個聚會歡迎不多於五十名支持者出席，而無須通知警方。

當日，為怕有衝突發生而有人受傷，阿仁帶齊急救裝備、急救員螢光衣及背囊，在屯門公路轉車站乘車往維園。向來「和理非」、每次只擔任後勤急救員的阿仁，從沒有想過這天會成為新聞主角。十八歲的這年，從此改變了他和媽媽的關係。

醒覺護自由

阿仁形容自己在二〇一四年雨傘運動前是一個「Pro政府」、傾向支持政府的人，當時從沒有想過自己會變成「手足」。但二〇一四年雨傘運動爆發，阿仁多看新聞及讀書，了解香港面臨的困局，以及香港人一直享有的人權及自由正一步一步被剝削。直至特區政府強推「送中條例」，阿仁進一步覺醒，認為若他們這一代再沉默，香港人最珍視的言論自由也會被奪走。「若不再出聲，二十三條、送中條例、國歌法等陸續來到，我們只會被不斷拿走一些東西。」

催淚彈中背　三級燒傷

當日集會開始前一小時，區議會選舉候選人雲集維園中央足球場，而市民陸續由銅鑼灣港鐵站出口魚貫湧入維園，大批防暴警員亦在場戒備。其時，市民仇警心態，隨示威者、警方武力不斷升級亦逐步上升。至大約下午二時，計劃參與集會的市民愈多，當中有人與警方發生口角，有警員突向人群噴射胡椒水劑，示威陣營撐傘起陣，警民衝突爆發。

「我大約下午兩、三點到達銅鑼灣，接著警察很快便開始拘捕行動，不斷抓人，放催淚彈、胡椒噴霧等，情況非常混亂。我記得大約六、七點前，警方已走到SOGO（銅鑼灣崇光百貨）對面拘捕多人，但現場仍有許多警察，根本無示威人士，只餘下記者及FA（急救員）。當時警察走來走去，他們由Times Square（時代廣場）走出來，然後大聲喝斥記者及急救員『上回電車路』。我很清楚記得當時自己站在銅鑼廣場對面的波斯富街電車站。」

正當大家不知道警察下一步行動並狀似撤退之際，卻有警察突然向著記者及急救員方向投以手擲式催淚彈，在剎那間，阿仁被射中背部，而且那催淚彈射進衫內，燒著了阿仁的背部及衣服。當時已有新聞指出警隊催淚彈的英國供應商拒絕供貨，十月警隊承認向國內購買催淚彈，十月三十一日更出現催淚彈燒溶馬路面的畫面，有指國產催淚彈的溫度超過200°C。

「當時背脊很痛！但我全程（受傷至受傷後）非常清醒。在我身旁的**FA**隊友立即幫手急救，然後我就被送往醫院了。」阿仁明明是傷者、是受害者，但大家對警隊的誠信失去信心，加上在運動前期的八月十一日，已有「爆眼少女」疑被警方防暴槍擊中眼部，及後警方反高調宣稱會拘捕少女的事件，阿仁及其隊友一度擔心他這受害者會反

照片 受訪者提供

被屈，故隊友們均努力保護阿仁。

政見不同　母子決裂

突如其來的催淚彈令阿仁背部三級燒傷、部份手指二級燒傷，更需要接受植皮手術。正當大眾關心阿仁的傷勢及康復情況，阿仁的媽媽卻因政見不同而與他決裂，亦對阿仁受傷感到非常憤怒，憤怒得要求阿仁交回家中鎖匙，不讓他再踏進家門半步。

由他入院至出院，阿仁的媽媽從未到醫院探望他，連一句問候也無。為了參加一場運動，與媽媽決裂，會傷心嗎？「不會傷心了，都有點預了（有心理預備）。」阿仁說，「我和媽媽的價值觀非常不同，她不只是『藍』，更加是『紅』（親中）到癲（瘋狂）。」

阿仁受傷時，以醫院為家，休養則回到大學宿舍，平日生活則靠同路的急救員互相扶持。

運動冷卻　手足鬩牆

無奈武漢肺炎突襲，加上港府立「限聚令」，令警察有多一條法律，控告集結的示威者或市民，故在農曆新年過後，大家也難以像去年一樣繼續上街遊行、集會等，阿仁背部的傷口雖已痊癒，但他深深感受到抗爭的氣氛冷卻。他坦言自己到前線當義務急救員也少了，令他感到最心冷難過的是，同路人開始批評同路人。「有些人會覺得『熱狗』（『熱血公民』組織）有分化，又有些人開始說『送頭』無用，另又有一批人說不夠多人就沒用，結果吵來吵去，吵完一頓卻無人出來，大家只停留在Telegram吵架。」

訪問當日，剛好是反送中運動一週年前夕，回顧運動於近月的運動變化，阿仁坦言氣氛較以前冷淡，認為要繼續凝聚如二〇一九年的團結，已不太容易。「以前有好多人一起出來，但現在連急救員、醫護都拘捕的時候，影響了有些人不敢再出來。在四、五月份，好老實說，真係沒太多手足出來，出來大把記者同popo（警察），有時看到路過的人，都覺唏噓和氣餒。」阿仁慨嘆。

一週年，what's next？阿仁看得很灰，擔心手足開始怕，開始不敢出來，面臨完結。「我自己團火都熄。但如果六月多點人出回來，我不介意一起出。但如果再無人出，我都不想出來被人搞。」

雖然阿仁說得很灰，但筆者在早前甚少人參與的活動中，仍看見到阿仁和幾位義務急救員帶齊急救裝備，在金鐘附近戒備，準備有事時救急扶危，亦一度被多名警員截停搜查，隨後順利放行。

阿仁一向寡言，他背著載滿急救用品、沉甸甸的大背包，默默守護著同路人：「自己出這一分力，對得住自己，我也選擇陪著前線手足。」

攝影 Wing Tung

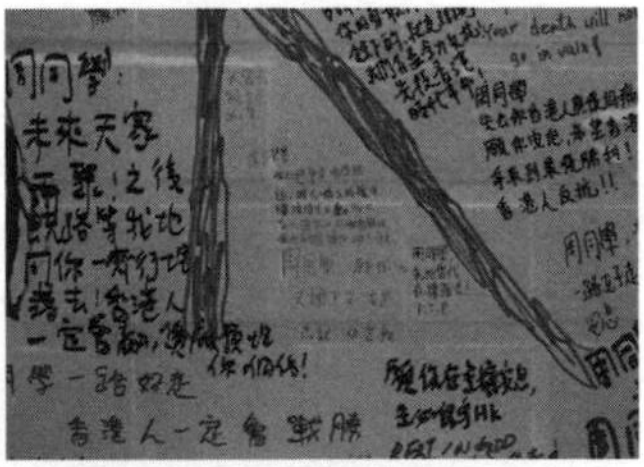
未來天家
香港人反抗!!
go in vain!
香港人一定會戰勝

受訪者｜周梓樂同學Ben　　撰稿｜稔稔

因為周梓樂的兩小時

「係無辜在佢唔係一個壞人，而佢又死咗。你話佢犯法，你拉佢坐監都好吖，咁死咗，真係好可惜嘅。」

11.4

攝影 Wing Tung

二〇一九年十一月四日，二十二歲香港科技大學學生周梓樂在抗爭運動中墮樓重傷，四天後離世。

一位負責輔導年輕人的前線社工，十一月八日實地在將軍澳觀察年輕人對周梓樂之死的反應。她看到，年輕人像要和警權來一場對決，流竄各街道，希望更多人可以參與。有一刻全場靜寂，神經敏感、如箭在弦，猶如說：自己來吧，即使大人不參與。延續那未完成的任務，沒因死亡停步。

另一邊廂，跟周梓樂同是投球隊的Ben，在科大悼念會看到柱上的照片，始才驚覺，周同學就是隊員Alex Chow，當下嚎哭十多分鐘。故事未完，「大家知道他是誰，但沒有人知道他怎樣死，可能一百年後，大家都忘記了此事的細節，但周梓樂的名字，依然會存在。」

細節未明，但很多香港人都銘記，關於周梓樂的兩小時。

二〇一九年十一月三日至四日凌晨前後兩小時多，是什麼事情，甚或是人，把香港科技大學計算機科學及工程系二年級學生周梓樂的生命推向終結？

沒有光的兩小時

他於四日凌晨01:05分被發現在將軍澳尚德停車場墮樓重傷，大腦受創，盤骨碎裂，送院後延至十一月八日早上08:09分終告不治。受傷當晚，大約從23:30分至近凌晨二時抵達伊利沙伯醫院的兩個多小時，可能是他人生中最難以預料、最黑暗的時候，也是香港很多人難以放下的兩小時。

周梓樂是第一個在反修例抗爭運動現場重傷至死的香港市民，至今仍然不知道他墮樓的真相。警方說過，當晚沒有軍裝、便衣或喬裝警員接觸過周梓樂。而在地產商領展發放十條相關閉路電視錄影的前後，警方公開更改過包括推斷周梓樂墮樓時間的重要說法。如果細看相關閉路電視錄影片段，對警方所說存在疑問，實屬合理。

警方改變說法的重點如下：最初說在十一月四日01:05分之後才有警員進入停車場，其後《眾新聞》及《蘋果日報》等多間傳媒發布相關行車紀錄器片段，揭發在十一月三日23:28有防暴警察離開停車場，警方隨即改口承認當晚兩次進入停車場。第一次是三日23:06至23:20；第二次是四日01:05之後。警方其後又將周梓樂墮樓時間鎖定為十一月四日01:02至01:05之間，而非較早前說的凌晨00:45至01:00。

警方按閉路電視錄影推論與周梓樂相關或不相關的重點內容，主要有兩方面。第一，周梓樂當晚獨自一人進入尚德停車場徘徊，而停車場三樓C34閉路電視片段中，大概於00:46在二樓急步前行的兩個深色衣著人士，都不是周梓樂。第二，領展公開二樓C31閉路電視片段，警方相信01:02畫面是周梓樂的最後身影。即是說，警方相信周梓樂十一月四日01:05被發現倒臥於尚德邨停車場二樓前三分鐘，由停車場的二樓斜路步行上三樓。

合理的懷疑

想提出一些可討論的疑點：

疑點一：警方所說，停車場三樓C34閉路電視大概於00:46開始拍攝到在二樓急步前行的兩個深色衣著人士，並非周梓樂。

若以一般方法看此段閉路電視錄影，為何警方能確定穿深色衣的兩人沒有一個是周梓樂？在C34閉路電視00:46片段開始的一瞬顯示，疑似被推了一下的黑衣人，身高跟有背包的黑衣人差不多，但片中較難看到他是否穿短褲。他雙手似是向後（像被反鎖），所以重心俯向前。有背包的黑衣人，穿長褲，走路姿態腰身挺直，能看到手部移動，像推了旁邊的人一下。他明顯比俯身向前的人走得自然、穩定。

警方說：從另一個角度，即是從路中心拍過去相關地點的鏡頭，可見兩人相隔一段距離，是平排地向前行，他們沒有身體接觸，一個跑得快，一個跑得慢，其中一人看似「仆一仆」，可能是角度問題，令坊間覺得有一人推另一人。警方用一個角度去否定另一角度的意義是什麼呢？除非警方在這另一組的閉路電視片段清楚看到衣著，例如兩個黑衣人都是穿長褲，這樣，才會是判斷兩人都不是周梓樂的較強證據。其實，如果警方有這樣的錄影，可以公開，釋除疑問。

疑點二：警方說，領展公開二樓C31閉路電視片段中，顯示十一月四日01:02的畫面相信是周梓樂的最後身影。

警方相信此片段顯示從二樓走往三樓的黑衣人是周梓樂，並按此把周梓樂墮樓時間鎖定為四日01:02至01:05之間，而非較早前指的四日凌晨00:45至01:00。片中黑衣人短褲的顏色很難辨認，警方根據什麼判斷他是周梓樂？而且，提出01:02畫面是周梓樂，會延伸很多推論，包括是不是會沖淡上述疑似被推押且雙手像向後反鎖的黑衣人與周梓樂之死的關係及可疑性？兩段錄影，一段可以否定是周梓樂，一段可以認定是周梓樂，這都需要提出合理證據的。

另外，網上一條對準停車場角度的片段，一下閃光後，有一顏色偏黑、形狀修長的物體，在少許拋物線下，在畫面右邊，從高墮下。如何為這一影像找出進一步答案？

按《端傳媒》查閱領展於十一月六日公開事發時的停車場地下、二樓及三樓六部閉路電視其中約共十小時的影片，指從二樓閉路電視C30（對準周梓樂墮樓位置）的畫面見到，01:02:24在接近周梓樂墮樓位置半空出現閃光，有懷疑指是周梓樂墮樓瞬間，惟無法確定。《端》訪問周梓樂朋友，周梓樂手機最後一次發出訊息的時間很可能為十一月四日凌晨00:46；最後上線時間為十一月四日凌晨01:00。

周梓樂墮樓案件已交死因研究庭。記錄下來的不同錄影片段，猶如他人生中兩小時不同的點，也不知道還會不會有未公開的點，將來，能否連結成解構事實的圖畫，讓人找出真相？而這兩小時的點，又會如何跟無數抗爭的點連結？

點與點的連結

作為在香港科技大學就讀計算機科學系的高材生，他的死亡及對抗爭運動的潛在意義，是一時難以連結出清晰畫面的。認識他的科大投球隊隊員Ben接受電話訪問說，經年的抗爭運動，放在悠長歷史中，仍然很短。Ben是電子及計算機工程系二〇一九年畢業的學生，他相信，在時間上，眾多事件，包括周梓樂之死，如Steve Jobs所說的點，仍未能連結起來，未能看清真義，但相信將來，回頭望，點與點定必能連結起來，讓大家看到意義。

回頭看，無數的點。那一天，從早上到夜晚，都有不少市民為周梓樂之死難過哭泣。

周梓樂離世消息傳到科大之時，正值早上畢業典禮時間。科大校長史維細看傳來手機上的訊息後，公布周梓樂死訊，並請全場起立為他默哀。期間，他顯得傷心，用手帕拭抹涕淚。之後，學生上台領受學位時，史維在主禮席依然顯得難過。不一會，他再以全體起立形式，一次過向在場畢業學生頒授學位，然後動身匆匆離開會場，趕往醫院慰問周梓樂家人。

「我想，這是他自己當時做的決定。誰敢替他做決定呢？」一位科大職員對記者說。有份參與抗爭的學生墮樓受傷死去，校長如此處理、如此結束儀式，是重視人，多於重視形式。曾經有人形容史維在大學行政上作風強勢，他接受訪問時也說過，習慣美式管理，要把所有事情放在枱面說清楚。按往績看，他認為對、認為要做的事情，往往做得快速果斷。

有天，他回望這一年，周梓樂的兩小時，激發社會各方面的反應，真正的圖畫，他自己才看到深度。

燭光點起怒火

校長簡單的人性反應，其實是香港公眾其中一種反應，細節，都已紀錄在影像中。當晚，公眾的哀傷與憤怒，如火烈焰在城中各處點燃。史維當天向全校師生發信，交待周梓樂於十一月四日在將軍澳尚德停車場墮樓重傷不治。信中，他要求當局就周梓樂死因作「徹底和獨立」的調查，又指看到錄影片段顯示救護車被警車阻擋，救護員要步行到現場，救援的關鍵二十分鐘，或許能救回一條年輕生命。他要求各方特別是警方解釋延誤原因，若得不到適當的解釋，「我們會很憤怒。」

Ben同意校長所發聲明的措詞一點也不溫和，是比較少見的。「他應該好想知道事件，為了公義公正，做了要做的。」回望十一月八日，校友因墮樓重傷最終去世，當天的日間與夜晚，給他完全不一樣的感覺。在我們眼睛底下，時間，會慢慢顯露真相或意義，有時很快，有時很慢。當日，Ben上班時看到朋友傳來的手機新聞，知道有校友在抗爭事件中因傷重去世，一股歷史時刻的感覺推動下，他決定晚上回母校參與科大的追悼會。

他從科大南閘下車再走到大學正門一邊，圓柱上貼着周梓樂的海報，他停下細看，慢慢才認出，原來死去的周同學，是跟他在投球隊一起當防守及進攻位置的Alex。與周梓樂一樣是五呎十一吋高的Ben，立刻湧出淚水，然後放聲痛哭十多分鐘，哭得伏在旁邊圍欄。在場紅十字會人員，扶他到一旁，讓他坐下。

「好鬱（憤怒），好像什麼也做不到。」Ben跟周梓樂年紀差不多，支持抗爭運動，但不是特別活躍熱心。那一刻，他完全不能接受眼前的事實。眼淚未乾，在悼念集會現場走了一轉，迎面看到一個也正在哭泣的男生，他猜想，大概這男生也跟周梓樂認識。擦身一刻，他拍了拍對方的肩膀，就像說：「我明白。」

我會代你走下去

「真實生活中，好難有同齡『小朋友』好似他這樣的死去，在香港好少發生。」當時，跟今天情勢已經很不一樣，香港，也急速下墮，好像難以做到什麼，除了抗爭。年輕人在運動的演進中承受的警察暴力及傷害，越來越嚴重，社會似是已被警暴接管，沒有出路。當時，對周梓樂不知真相死去，是憤怒多於失望，是不再對政權有期望的傷心，眾多激動反應的其中意義，必須解說，那就是記錄的意義。

一位負責輔導年輕人的前線社工，在十一月八日當晚，實地在將軍澳參與及觀察年輕人對周梓樂之死的反應，今天回望，她給記者寫下這樣的感受：「他死去那天，年輕人躁動，他們已經準備好和警權來一場對決。他們流竄各街道，只想更多人可以參與，即使大人不參與，他們已經準備好，全場的靜寂，神經敏感、如箭在弦，他們準備好：自己來吧。在天橋、路口、隧道前各種部署，想延續那未完成的任務，那是代表爭取的決心，不因死亡而停步。」

《立場新聞》當晚也訪問了參加遊行的黎小姐：「我們相信政權在殺人，永遠無法找到真相，無論是七二一、八三一、一〇一，我們都覺得是政府的暴力，是警察濫權、濫捕，而他們不需要負任何法律責任，市民表達訴求他們完全不理。由之前打前線手足，到現在和理非都要打壓，我覺得我們已經被政權逼到無路可走。周同學的死我們沒有證據，但不可以不理，我們不會麻木，一定要成立獨立調查委員會，追究政府，追究警隊。」

周梓樂之死，是在衝突期間，眾目之下，被發現墮在停車場二樓平台重傷，最終留醫數天死去。最少，他不是「死因無可疑」的屍體。他有名有姓有過程，讓抗爭者可以有具體個案向政權追究責任。從那天開始，抗爭市民「我會代你走下去」、「殺人政權，血債血償」等口號，已經埋在心裏。

周梓樂死後，每月八日，都有人在尚德停車場墮樓現場祭壇悼念。周梓樂，是千萬個抗爭年輕學生的其中一人。在高舉個別身份、誰也不代表誰的世代運動裡，他們跟社會的互動，在於付出犧牲以後，激起一向跟着矩規、進退難行的各方有心人，不能無視。

赤子之死

周梓樂的兩小時，令一向在公開立場上偏向保守的大學校長，不能不回應赤子之死。「我覺得作為校長，一定會好心痛。」Ben說。他明白，大學校長職位所限，在政治上，能公開說的一定有限制。周梓樂入讀的計算機科學及工程系，在科大是極難入讀的，可發展的研究範圍包括大數據或是A.I.一類高科技。他聽過有教授說，非得GPA3.5以上，才有機會被取錄，「失去這樣出色的同學，作為校長，也一定會感覺可惜。」

點頭之交死去，Ben不渲染難過之情，但那震撼與影響力，跟很多市民相比，卻又接近得多。就是因為比較接近，難以接受朋友無緣無故死去，無奈是，他對不能找出真相已經有了心理準備，不抱希望。「重要的是，他好無辜又好不值的死了。（記者：無辜在於什麼？）無辜在於他不是一個壞人，而他又死了。倘說他犯法，抓他去坐監還好。就這樣死了，真的好可惜。」生活在沒有真相的世界，人會感覺沒希望。是非黑白良知，太多可上的一課，也會提醒自己不要胡亂放棄生命，「感覺原來有條命好好。」

能夠討論的是，他把周梓樂之死歸究香港政府、警察及中央政府。「若不是他們硬推惡法，不會有這樣的示威遊行。」三方之中，他認為林鄭政府要負最大責任，「如果我看的新聞是真的，《逃犯條例》不是中央要推行的，我覺得香港特區政府責任最大。」周梓樂之死，情感上，Ben很快可以釋懷，但若果把這件事放在社會抗爭發展，他認為影響是長遠而不可估計的。

「我覺得他的死，影響一直會存在，大家知道他是誰，但沒有人知道他怎樣死，可能一百年後，大家忘記了此事，但依然會有周梓樂的名字。」他感覺，周梓樂去世後，倒反成了有影響力的人，大家都好像很認識他。總之，一提起他，就像是血海深仇。

「是啊。人不知為何記著他，記著他，就像是記著一段仇。」

「他對整個運動，長遠有什麼影響？」記者問。

「現在說影響，我不知道，我認為現在時間尚早，事件其實過了不久，很難說影響是甚麼？Steve Jobs講過，connecting the dots，要過一段時間，才能看到dot與dot之間有什麼connection，現在，是看不到的。」

"You can't connect the dots looking forward; you can only connect them looking backwards. So you have to trust that the dots will somehow connect in your future. You have to trust in something — your gut, destiny, life, karma, whatever. This approach has never let me down, and it has made all the difference in my life."

~ Steve Jobs

改變的起點

沒有一件事情是沒有意義的，只在乎怎樣看。有一些事情，現在只有一點這麼小，但將來，它可能就是大局重要的一點。將來，無論怎樣寫，這一年，都是場悲劇。他同意，周梓樂已經像圖騰一樣，讓人記起、忘不了。「周梓樂的死，代表了社會不公義，與無數年輕人被捕、失蹤、死亡，他是代表了這一切。」如果眾多的被捕、失蹤、死亡是不同的點，最終，一定在將來連結為有意義的重要歷史。作為人，如電腦奇才所說，要相信自己的直覺、目標、生命、因果，做自己認為該做的事情，創造眾多的與別不同。

大學校長，在學生遇到各種暴力甚至死亡，如果不公開表態，難以維持一校之首的道德責任，對於科大校長來說，這一次，也是一個考驗。回頭望，作為受政府資助的大學教育機構，在支持「香港再出發大聯盟」或是「港版國安法」等聯署聲明上，城市大學校長郭位兩次都沒有簽名支持。國家安全法提出以後，郭位、史維兩位來自台灣的校長，跟香港浸會大學校長錢大康，都沒有與五大校長一起聯署支持國安法。這樣的事情，一點一點，連結起來，將來回望，又跟什麼有關連？沒有人知道，學生之死，可以怎樣連結科大校長一切舉動，現實是，他沒有聯署支持國安法。有政治學者形容，校長不簽署支持國安法，是很有guts的。

「有沒有後果？」記者問。

「應該有後果，如果沒有，其他大學又怎會簽。」

另一大學教授認為，作為校長不支持國安法是必須的，從國安法脈絡、中共如何管治及怎樣看待人權，那是一條與現代文明、學術自由或是廣義自由相違背的法例。作為大學校長，沒理由支持傷害學術自由、法治的法例。他認為，校長的台灣背景有怎樣的影響很難說，但人的價值觀、信奉人權的堅持，以及是否願意為表達信念而作出一些犧牲，是更重要的因素。

他相信，史維最大的後果，最多是不獲續任。至於撥款留難，則看大學研究人才有沒有議價空間。科大的科研及工商管理在港具領導角色，他認為這方面顧忌不會很大。餘下，就是校長個人去留。史維今年六十五歲，他有沒有早已打算離開的念頭？最高學府之首，一定懂得盤算未來的計劃及限制。

攝影 Ramsey Au

事實上，去年七月一日學生及年輕示威者闖入立法會大樓，大肆破壞象徵權力的會議廳、會徽及歷屆主席油畫等，史維是第一個發公開信的校長，重點譴責暴力的同時，也提出，年輕抗爭者知道這樣做會承擔後果的，但他們仍然要這樣做，社會必須了解事情的根源。在多場與學生的對話中，學生多次要求他參與示威遊行，但他從不就範。堅持自己立場，也堅持尊重學生的立場。印象中，有一次，學生問他怎樣保證他們示威集會的安全？

安全的終點

這個問題，放在今天，港版國家安全法通過，學生的安全？國家的安全？香港人，大概只能苦笑。而自開埠以來，我們最明白一個道理：靠自己。

「仔啊，你好勇敢。阿媽也要流芳萬世。」去年十二月，周梓樂的尚德祭壇有這樣的字條悼文。雖然未能證實是不是周梓樂母親的貼文，在人心裡的祭壇，應該比那次寶福山前來祭悼他的人鍊綿長。無論是周梓樂出事當夜，和那些無盡的夜，一年的催淚彈、胡椒噴劑的總和，足夠殺死一個政權的正當性了。

「他大約五呎十一吋高，身形很瘦，看去不算瀟灑，技術不算很好，movement也不十分fancy。」這是Ben給隊友Alex周梓樂的形容。人和世事都無完美，在goal keeper與goal shooter之間，Alex喜歡進攻，但因為身高，他樂意聽從指令留守防衛。

人生很快過去，兩小時卻可以這麼長。在看不見的地方，遠遠的，如水，他潤澤乾涸疲累的心靈。

中大校園烽煙四起(自由亞洲提供)

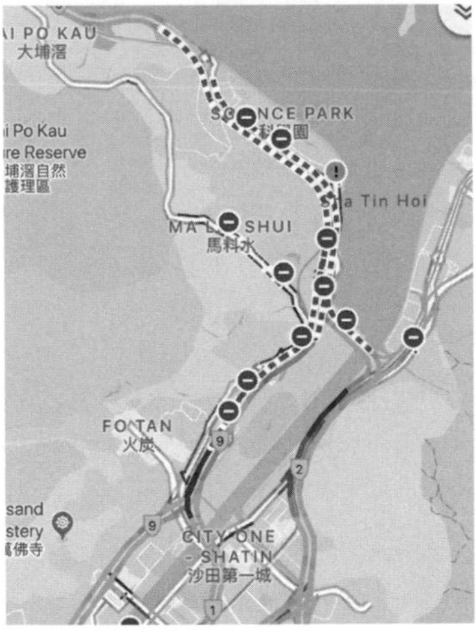

Google map顯示中文大學附近一帶公路完全被堵塞

受訪者｜回中大參與救援的W醫生　　撰稿｜海

山城・浮城

「如果連我嘅校園、屋企都要任人魚肉，就象徵最後嘅自由都失去。守護自由嘅意義較大。」

11.12

攝影 海

二〇一九年十一月十一日，民間發起三罷「黎明行動」，從清晨開始堵塞全港各區主要道路。

原本鮮有人知的中文大學「二號橋」，因為位處吐露港公路及港鐵東鐵綫路軌之上，意外地成了「兵家必爭之地」，成為全港，甚至是全球焦點。學生從「二號橋」上投擲雜物，癱瘓橋下來往新界東及九龍的主要幹道，防暴警察以武力驅散。

學生與警方對峙情況持續至第二日，校方嘗試與雙方斡旋，提出交由中大保安駐守二號橋，但談判失敗告終，下午形勢急速升溫。警方攻入校園範圍，發射一千多發催淚彈及橡膠子彈。校園槍林彈雨、烽煙四起的畫面，震驚社會，數以千計師生校友前仆後繼，前往中大支援。

誓死守護的，不止山城，也不止是浮城。

二〇一九年十一月十二日，下午。

住在與中文大學一海之隔的馬鞍山，W醫生剛完成三十六小時on call待命，從醫院回家，梳洗後本想好好睡一覺，怎知睡不到兩小時，便被海量的電話訊息吵醒。「好多人傳了吐露港好多煙那張相片來。我都不知道什麼事，模模糊糊，有多到看不完的訊息，然後我望出去。我住在馬鞍山，一望出去就見到。」

山城陷落

她看到的，就是黑煙從中大山城升上半空，令中大人畢生難忘的那個畫面。

W追著訊息，驚覺警察已攻入大學。催淚彈射至夏鼎基運動場，學生慌忙走避。「氣到發抖。到底差佬（警察）跟政府想怎樣？為何要走進大學打他們？那個是我長大的地方。」

W的父母都是中大人，不時會帶W和她的哥哥到中大遊玩，在崇基書院吃飯，是W的兒時回憶。後來哥哥入讀中大醫學院，父母開車載他上學，W也跟著去，然後W也成為中大醫科生。二十多年的人生，都與中大緊扣在一起。

看到母校受襲，W心急如焚，很擔心會有學生死亡：「好驚，因為前一日（在西灣河）已經有人中槍。是不是想殺光學生？」醫院同事WhatsApp群組群情洶湧，說要去中大幫手，但形勢緊急，大家也沒有周詳的計劃。仍在醫院的人從醫院拿取紗布、鹽水及一些簡單工具出發。其他人「各自執生」（看著辦），找方法前往中大。

追上九肚山

W與同是醫生的男友、男友哥哥及另一位外科醫生朋友相約在馬鞍山會合。當時往中大的道路已開始堵塞，他們決定徒步走去中大。屬典型「和理非」的W，平常只會參與和平遊行，行動升級前便離開。像這天心口掛個勇字便奔赴衝突現場，還是第一次。「我們本身穿黑衣，遇到幾個師奶。師奶說：『你們別往那邊走呀，年輕人，好危險！那邊有警車。』我們說想返中大。她就說：『我們都是要去，但你們穿成這樣怎麼去呀？』」

被一言驚醒的W，與男友回家更換成上班裝束再出發，由馬鞍山、沿城門河經大水坑走到大學火車站。「中途你不用認路，因為好多人要趕去。有人用走的，有的踩單車。其實一路上好害怕，周圍有人同你講，不要去那邊，說那邊有警察。」

他們穿過大學火車站，經「小橋流水」（中大一條聞名的捷徑）走上大學本部范克廉樓，那邊已有人設立救護站，放了一張張墊準備接收傷者。不過，他們等了一會兒都未見有傷者，原因是大學本部位於山腰，戰況最激烈的「二號橋」在偏遠的山下，傷者根本送不上來。W決定出去走一走：「然後就聽到有人問有無救護，有無first aider。」

比外科口罩更舒服的豬咀

W向求助人表明醫生身份，對方將他們帶到李兆基樓，那裡已變身成物資站。從校外前來聲援的人送來源源不絕的物資，從衣物、食水、乾糧，以至保護裝備，甚至玻璃瓶都有。崇基校園及大學本部多棟建築成為物資站。救人之前，要先裝備自己。「他們說：『樓下U-Gym那邊打得好厲害，要多點人幫手，但你們什麼都沒有，不能就這樣下去。』接著就給我Full Gear，頭盔、豬咀、眼罩，那次是我第一次戴豬咀。」有什麼感覺？「比想像中舒服，舒服過外科口罩。」之後來了一輛七人車，載他們下山。車上面是甚麼人？不知道，也不必多問，當時就是一切講個信字。

他們被送到夏鼎基運動場旁邊的大學健身室（U-Gym），那是最接近「二號橋」的救護站。「氣氛好沉重。外面已經打得厲害，聞到催淚彈的氣味，聽到砰砰聲。裡面有些有經驗的救護人員，本身是前線、出過場做first aid的人，跟我們講了怎麼分配救援。」

U-Gym被分成三個區域，按危急程度分流傷者，最接近入口的區域接收傷勢最重的人。場館面積不大，最多能容納約二十個傷者。

不可送醫院的傷者

過了沒多久，傷者開始陸續被送進來，有被水炮射中、有被催淚彈燒傷、有骨折的傷者。部份傷者可以於現場治理，但有一些必須送院。W記得其中一個，是中大男學生。

「他抱著手進來，整個人渾身打顫，手指腫得好厲害。現場有骨科醫生，但其實不用骨科醫生，一看就知手指斷了，因為變了形。我問他你想不想進院，他就哭了。」W理解他不願進院的原因，因為在急症室被捕的風險太高。

「有好多私家醫生都在場。我們就說：『如果你忍到一晚，就明早去私家做。』但他痛得好厲害，而且我們擔心手指末端神經與血管好細。骨斷了接得回，但如果傷了神經血管，就可能無法復原了。」

W決定兵行險著，向同事求助，後來成功將那個男生不經急症室直接送上病房做手術。W說，當晚還有其他醫生，將中彈的傷者秘密送院。為了保護參與行動的醫生，本文不詳述送院過程。筆者會好好記下這些故事，直到香港真正光復的一天。

然而適合秘密送院的，只限一些重傷但不危及性命的傷者，有生命危險的還是要召喚救護車送院。「有一個傷重的是全身中水炮。因為低溫全身打顫，嘴唇發紫。幫他量血壓，數值好低，上壓八十幾，不去醫院可能沒命。我們叫了白車，因為他的狀態撐不了太久，但他之後怎麼樣，我們都不知道……」

傷信自由

中大戰慘烈之處，在於示威者死守「二號橋」這個據點打陣地戰，偏離整場運動一直以來「be water」打流水戰的作戰原則。警方毫不手軟發射過千發催淚彈，示威者不退，一批倒下，換另一批上前線，硬食水炮和催淚彈。

W坦言，若冷靜去看，是不值得死守，問題是那一刻根本沒人能保持冷靜。警方踏進象徵思想自由的校園範圍，本來就是大忌，更惶論持械攻入校園。學生想死守的，是背後的價值：「死守的不只是二號橋，不只是吐露港，而是不可以讓警察進入校園，自由的最後堡壘。如果連我的校園、屋企都要任人魚肉，就象徵最後的自由都失去。守護自由的意義比較大。」

W說難以統計當晚傷者有多少，她自己親眼在U-Gym看到的傷者大約有三、四十人。而醫生需要處理的，不只身體上的傷，還有心靈創傷。「有一個走進來，其實他沒什麼傷，眼中少少胡椒，洗洗就沒事，但就一直哭。我問他什麼他都不講。他說你讓我在這裡坐一會，等等就出去。我那時幫不到他什麼，就坐在那邊陪了他一陣子。」

「受傷的人，如果沒遇到我們，進不了醫院，得不到適當治療，即使只是沒了隻手指，不是性命，都好可惜。有了我們，一來他們知有人會幫他們，二來有時皮外傷可能好小事，但心靈受傷更嚴重。那個時候讓他們知道，有群大人在背後支持你們，幫你們，對他們來講好重要。」

守山城　守浮城

除了U-Gym，W還去過位於運動場另一邊，大學體育館的救護站。那裡較遠離「二號橋」，氣氛相對平靜。W看到很多熟悉臉孔，前前後後有近二百個醫生，進行了一場意想不到、史無前例的舊生聚會，「由教授級到我們這些出來做了幾年都有。眼科、骨科、放射科……」放射科也有？「我都不知放射科那時候可以做什麼，哈哈哈。有教過我的婦產科醫生都回來了。我好surprise，心想回來接生嗎？哈哈哈。」

輕鬆背後，是一份對中大的歸屬感。這份情感足以讓他們甘願冒著賠上仕途、甚至犯法風險返母校支援。

事實上不只醫生，當晚運送物資的人鏈，由「二號橋」所在的環迴東路，延伸數百米至崇基何草，人群中有穿著恤衫西褲、背著皮包的上班族，一起幫忙運鐵枝、搬水馬。政權對年輕人的趕盡殺絕，迫使這些知識份子、社會棟樑走得越來越前。群起反抗的，絕對不只是政權口中的所謂「暴徒」。

「以後有需要，我會再到前線救援。」W醫生肯定的說。

後記：寫這篇文章期間，筆者回去中大一趟。事隔大半年，中大仍在實施出入管制，訪客進入學校前要先登記，筆者「有幸」靠一張中大信用卡通過「持證人士通道」進入校園。各個出入口、一號橋、二號橋都有保安長期駐守。自由的大學校園，彷彿已成為追憶。

攝影 Ramsey Au

攝影 香沫路

攝影 Ramsey Au

Save the Kid

受訪者｜火魔法師「孩子」　　撰稿｜梁知

四面楚歌下的孩子

「勇武從來唔會叫自己係勇武。」

11.17

攝影 Ramsey Au

自二〇一九年十一月十一日號召「三罷」（罷工、罷市、罷課）起，示威者陣營佔據香港中文大學、理工大學。警方圍堵中大，卻在示威者負隅頑抗，以及包括校方的各方勢力介入下於十一月十五日鳴金收兵。警方消息形容，撤退令警方士氣大挫。

所有香港人的目光，立即轉向理工大學。

是時，鄰近理工大學、連結港島和九龍區的主要咽喉紅磡海底隧道被示威者堵塞多日，幾近癱瘓交通；而示威者在校內，亦預料警方將重兵而臨，當時在校內不斷有人製造汽油彈、閃光彈，務求在短兵相接時，以僅有的土製武器，對抗警方的專業武器。

十一月十七日，衝突爆發，示威者與警方由早上對峙到夜晚。四通八達的校園，令兵力較多、武器較先進的警方能開啟多條戰線，最終，示威者不敵，撤回校園。

警方亦不派員硬攻入校園，反只在各出口包圍，更播放著各種與青春有關的時代曲，是現代版的「四面楚歌」。

是時，校園內抗爭者眼見大勢而去，且筋疲力竭，彈盡糧絕，在「暴動罪」下，不敢自首的抗爭者，只能於校園內藏匿。

十一月的香港，氣寒，抗爭者晚上無處安躺、饑腸轆轆，警方一度拒絕人道救援機構入內搜救。沒有人想到，這是整個反修例抗爭中，最接近「人道危機」的一役。

也沒有人想到，一個只有十四歲的「孩子」，在校內拼死求生。

理大衝突　火魔抗警

現實比小說更荒謬，還要發生在被譽為國際城市、二〇一九年的香港。以下記載了一個十四歲孩子所發生的經歷。為保護孩子的身份，全文會以「孩子」稱呼他。

在反送中運動中，不同的人有不同的崗位，有人是和理非的遊行參與者，有些人充當義務急救員，有些人則是無懼一切的勇武派。孩子在二〇一九年十一月中大校園守衛戰及理大保衛戰中均充當最前線的勇武派，負責使出火魔法（汽油彈）、光魔法（閃光彈）。

年紀小小，孩子受過特訓嗎？是ISIS嗎？孩子笑說：「這是很簡單的東西，別想得太複雜。有些較年長的朋友只要念過化學，也會懂得，他們很容易弄弄便成了，然後我和一些前線的手足負責擲出去而已。」

別以為勇武派一定天生大膽，他們同樣感到驚慌，為免行動失敗，他們在理大校園內，為防備警方攻擊不斷練習，嘗試找一個無人經過的位置，將這些試驗品從高處擲下。有一次險些擲中經過的手足，嚇得孩子們半死。知道這些武器一定要非常小心地使用，以免傷害到手足。

「粉塵彈真的很易受傷，在POLY（理工大學）內有一個人好厲害，負責教我們製作，中間試爆時，有人受傷。另外那些魔法，亦曾有人趕不及扔出而燒傷手。」

孩子憶述時沒有半點畏懼，記者問他算不算是勇武派？孩子坦言：「勇武從來不會叫自己是勇武。中大那次，都真的怯了，本來我去完中大，也不打算去理大，因為真的怯，但最後也是跟著朋友一起繼續到理大。」中大理大守衛戰，他是前線的人，站在前線手足之中的第四、五排。以兩場戰役比較，孩子認為警方於理大發射的催淚彈較中大那次多很多，好像不顧校園內留守者的生命。

警方圍校　餓寒交迫

由守衛理大，演變成被困理大。孩子和其他年齡相若的孩子，彷彿變成了不能見光的生物，每天藏匿在大學不同的房間。幸好校園內一位叫「廚房佬」的叔叔，沒有忘記這些孩子，每天於全校各層巡邏，四處尋找孩子們，為他們提供食物。孩子憶述，當時大家很驚慌，不敢出來取食物，也擔心隨時有「狗」（示威者對警察的稱呼）進入將他們逮捕，孩子們均會小心翼翼對待這些外來者。「但廚房佬好好人的，每日去找食物煮一些熱食給我們吃。他知道我們都不會出來，他大聲問『有無人吃飯』、『有飯吃』後，我們會弄一些聲音，廚房佬聽到會留下飯菜給我們，然後走掉，繼續努力尋找其他手足。」

被困的日子，時間概念全失。孩子說自己忘記留在理大多少天，知道無法離開及警方打算將武力升級，圍捕理大內的所有人時，孩子和其他手足也想盡辦法逃走。

十一月的香港，已近寒冬。孩子曾嘗試爬坑渠逃走，無奈爬了不知多久，身體感到越來越凍，幸旁邊的手足發現，立即將他拉回上地面，否則隨時因低溫症而死。

平民遇襲　勇武抗暴

他本來是一位名校生，家中有父母疼惜，但年紀小小已關心社會。在反送中運動初期，他只是一個超級和理非，六一二、六一六遊行集會，孩子都有參加，出來只是叫叫口號，遊行後便乖乖回家。縱使孩子的至親是一名「超級藍絲」，遊行、集會後，至親會痛罵孩子，雙方口角，孩子還是乖乖回家。在七一當日亦只是遊行後，在外圍行行，幫忙傳遞物資，見到其他人衝入立法會大樓，他亦留在灣仔，沒有打算進入或走近。

可是，七二一那天卻令他改變。他和朋友遊行後準備轉西鐵回家，路經元朗西鐵站時，列車卻突然停了下來，然後數以百計手持武器的白衣人湧進西鐵車廂、月台，瘋狂見人就打，孩子和幾位朋友嚇得狂哭，其他較年長的兩位朋友為保護孩子慘被打至頭破血流。

「在七二一之前，我仍覺得警察都是身不由己，仍相信有『白警』（好的警察）。我當時選擇立即打九九九報警，但卻打不通，不斷被掛線。我自己最少打了五次九九九，我身邊的朋友最少打了十次也無人理會。七二一之後，我對警察完全改觀，再不相信他們。」孩子的兩位朋友最終自行到醫院求醫，一位頭部縫了近二十針、一位縫了八針。

七二一是孩子放棄和理非路線，決定走向勇武的一個轉捩點。

「運動初時，起初『班狗』（警察）沒有那麼橫行霸道，七二一之後就開始改變，整件事暴力亦升級。」孩子曾經會因為覺得自己跑得不夠快而不敢出來，但自此之後，他卻決定要走前一點。

朋友之死　更添打擊

可是七二一發生不久，在九月的時候，孩子又面對另一打擊。有一天，他從新聞上看到其好友陳彥霖「自殺」的消息。陳彥霖被發現全身赤裸浮屍於油塘海中，警方最終列她的死因無可疑。而陳彥霖過身前，多次於社交平台上發布反修例的帖文，令人對其死因存疑。

「直至今日，我不相信彥霖會自殺！她曾經游水拿了很多獎，就算她自殺，也不會找自己最在行的技能自殺吧？還要全身裸體？」孩子提起此事仍感到很生氣，亦覺得彥霖的死很不公義。

孩子多次參與彥霖的追悼活動，包括要求校方交出閉路電視片段，於將軍澳設祭壇等，無奈孩子仍無法為好友的死找出他相信的真相。亦因

為彥霖死去，孩子要為這位朋友走得更前，決定為這場運動付出更多。自此經常走到最前線的四、五、六排，負責的崗位也較危險，很容易被捕。

孩子更試過多次走不及被捕，還曾被至親親手逮捕及被打傷。孩子曾有一刻生氣，但那時仍覺得親情最重要，沒有仇恨對方。可是成年人和孩子不同，反而記仇，視政見比親情重要，更從此不讓孩子回家，不聞不問。漸漸地家中雙親同樣放棄了孩子，由Whatsapp問候，變成已讀不回。甚至有長輩患病，孩子希望了解及探望，雙親都不願讓孩子知道任何消息，一句不回。

自從逃出理大後，孩子沒有再回過家，或許至親在這刻已DQ（disqualified，取消資格）了孩子，忘記這個曾懷胎十月、曾是掌上明珠的孩子。孩子在反送中運動，付出了他十四歲所能付出的一切，為了對抗暴政及《逃犯條例》，他義無反顧。

訪問期間，剛好是反送中修例運動一周年。最近受疫情影響，手足看似熱情冷卻，孩子坦言最近人越來越少，他仍是無悔，願意抗爭到底。記者問如讓他再揀在運動中的角色，孩子說：「如果運動繼續，我仍會繼續揀火魔法、光魔法，仍會做勇武。因為班狗所用的武力會繼續升級，都要有人行前保護手足。」

只要運動繼續，孩子相信總有一天，我們可以在煲底下相見。

攝影 Wing Tung

Poly 83
校長你

受訪者｜Tom　撰稿｜勝

逃

「當時想像警方衝入嚟，
就會上演六四屠城翻版。」

11.18

攝影 Paul Yeung

中大攻防戰剛剛落幕，緊接著的是紅磚理大圍城。這裡地理位置獨特，校園對出的便是紅磡海底隧道，也是九龍前往香港島的交通大動脈，成為警方與示威者的兵家必爭之地。

二〇一九年十一月十五日，示威者在堵路；十一月十八日示威者在覓路，四面被主要幹道包圍的孤島內，警察圍堵住出入口。一名身經百戰的「火魔」，由中大轉戰理大，反抗變成逃亡，對於二十出頭的他來說，這一切經歷得太多。

Tom是二十出頭的中大學生，剛經歷過「中大之戰」後，眼見理大揭開戰火的帷幔，於是組成一行數人的小隊，前往理大協防。去到現場，剛好是十一月十七日中午時分，警方正與示威者發生衝突，催淚彈、橡膠子彈響聲不絕。警方出動了水炮車，Tom是經驗豐富的「火魔」，投擲汽油彈駕輕就熟，他也隨即走到戰線第一排，與一眾示威者並肩對抗警方的進攻。水炮一下子射過來，Tom走避不及，只能夠用身軀硬接，「藍色水（催淚水劑）」淋遍他全身。「大敵」當前，他早已忘記痛楚，腦海中就只有反擊，拾起汽油彈，手一揮便轟出去。

十一月圍城

接近傍晚時份，衝突稍稍停頓，他退下火線休息，脫下染藍的衣服，全身皮膚像是灼燒般的紅腫，洗澡時忍住了痛，有人替他塗抹蘆薈藥膏，Tom這時候整個人也累垮了。他回憶當時警方出動水炮車，心態上有少許絕望，「想不到政府會冒險去拘捕理大的人。」

直到入夜衝突加劇，警方全面包圍理大，又出動銳武裝甲車，沿暢運道天橋往理大方向推進，前線戰火不斷，示威者投擲大量汽油彈還擊。當時，Tom還在後方休息，中大的經驗令他覺得警方不會強行攻入理大，相信政府不會付出這麼大的代價，當時據說有過千名示威者在理大內。「當時想像警方衝進來，就會上演六四屠城翻版。」倘若警方不進來理大，他猜想應該如中大戰一樣撤離，殊不知理大的戰局恰恰相反，示威者被迫逃亡，情景更為悲壯。

離開＝被捕

Tom指他們一行人自反修例運動爆發以來，已有不少抗爭經驗，不過也是第一次遇上了最激烈的衝突。他知道示威者留守風險大，時間一旦拉長便會軟弱起來，「大學生心智都未必成熟，更何況理大現場有很多小朋友，或者抗爭新手，經驗不足，意志不夠堅定，一時軟弱便接受警方開出的條件。」警方晚上呼籲示威者從理大的 Y Core 離開，有部份示威者依照指示，卻被警方拘捕，當中更包括急救員及記者，大家雙手被綁，一排排坐在地上。這一幕，Tom 記憶猶新：「聽警方勸立刻被捕，為何會這樣？大家都覺得可能事有蹺蹊，所以決定不走。」警方當日表明所有從理大出來的人士，都會以涉嫌暴動罪拘捕。

現場瀰漫一片不安與惶恐，聽見有人哭泣，有人祈禱望上天拯救。勇武抗爭者面對暴力還是會感到害怕，曾有人勸喻 Tom 自首，或是聽從警方指令走出理大，Tom 斬釘截鐵地道：「不應該接受政府提出條件。如果這一刻都堅持不了，願意相信政府，一定不會原諒自己。」

去或留的猶豫

十一月十八日清晨，警方特別戰術小隊攻入理大正門，更一度推進至大學醫療避難處。Tom 就知道這場戰鬥用什麼方法也守不住，「攻防戰」也慢慢成為了「逃亡戰」。其實當政府宣佈圍封理大時，他們早已考慮多個「後備方案」。看似是有準備，但真的打來，Tom 一行人卻舉棋不定，究竟哪一個逃走方案才最可行，沒有人能給予答案。

Tom用加密的通訊軟件Telegram與外面的朋友聯絡，研究逃走路線，其他的線上公開頻道則只作為接收消息之用。有人大模大樣地說有逃走方法的，皆不能盡信。「網上消息，你想到的，警察都想到。」他坦言，抗爭從來不是單打獨鬥，逃走的方法也不是只靠紅磚牆內的人苦苦思索，必須有牆外的朋友接應，「任何形式抗爭活動都需要支援，connection是重要的。」

起初，他預料警方就算進入理大，也未必會大規模進行搜索，於是向就讀理大的朋友查詢，得知校園內有不少「暗格」可以藏身，「打算風聲稍緩再走出理大。」一行人匿藏了數小時，心裡七上八下，打不定主意，最終走了出來，嘗試其他逃走方法。Tom回想整個逃生經歷：「從結果來看，這個方法是成功，亦都是最易離開的，只要專心匿藏就可以。」

鎂光燈以外的逃脫

理大攻防戰中，最令人印象深刻的逃走方法莫過於「游繩」及「爬渠」。Tom一行人嘗試爬進滿佈臭味的渠口，可是他們選擇的渠道過於狹窄，難以讓整個身軀通行，最終被迫放棄。他們也走到天橋嘗試游繩方法，可惜當時逃亡的人數眾多，亦有傳媒在現場進行直播，他知道警方很快會來，故嘗試尋找其他出路。「游繩只不過是有畫面，有傳媒拍攝。其實還有很多路可以走而大家不知道。」

現場的人知道，只要成功逃出理大，就算在紅磚牆外不幸被拘捕，警方也未必有足夠證據控告暴動罪。由於理大的校園範圍大，警方並不是駐守在各幢宿舍附近的位置，他知道在場不少人經宿舍或其他方法成功逃脫，「有時就是靠跑的一剎那。」行火車軌、天橋底，說得出的方法都有人嘗試。既然有那麼多路線，按道理應該能夠輕易逃出，Tom卻說：「很多人同一個地方傾巢而出，很容易被人發現。」他們一行人入夜後曾嘗試過跑出去，可是防暴警的閃光燈一下子掃過來，也就被迫退回校園。被問及多次嘗試逃走失敗後會否感到絕望，Tom笑言：「疲累多於絕望，數天來沒有睡覺，最多只是休息三十分鐘。」他們經歷數次失敗，最終在理大校園的一角成功逃走。

自理大一役後，Tom晚上睡覺經常會夢見被人制伏的畫面。這夢魘不斷纏繞著，事件發生半年過後，心裡仍有「未知的恐懼」，潛意識上還是覺得害怕，不知道哪一天警方會發現蛛絲馬跡將他拘捕。

有命就有進化

經歷過中大、理大兩場攻防戰，Tom回想起這一切：「今時今日不會再有的畫面，是這一兩年勇武抗爭的最高位。」他謂大家希望「以武制暴」，但雙方武力不對等，根本無法達到政府警方的武力水平。

Tom抗爭心態上起了變化，處事更為審慎。隨著勇武減少，他認為有需要認清現實，任何抗爭都是高風險行動，盲目街頭抗爭只會削弱力量。在鬧市地區如旺角等地方堵路，警方部署只會更嚴密，在這情景下勇武非常危險，「很多人心態認為出來便要做些事，否則愧對手足，這份內疚感推動不理智行為。」這不是放棄勇武抗爭，而是他確信抗爭必須要在有目的下進行，例如中大理大之戰、要求國際聲援集會等等，否則行動便毫無意義，反而壯大了警方的部署，令抗爭行動更多制肘；又或甚成為其他人爭取政治本錢的工具，脫離一直以來追求自由的目的。他舉例，利用美國制裁「攬炒」香港是現階段可行方法之一，要做的是尋找外國支援，做好自己思想裝備的工作，不斷尋找進化的方法。

活著從來不易，逃出生天的他坦言參與行動的前提是保命，他又引用梁天琦的話寄語大家：「不要以自己寶貴的生命與可恥的政權對賭，而是在苦難中煉成堅毅與盼望。」

攝影 Ramsey Au

攝影 Ramsey Au

和你抗爭
我很愉快

受訪者｜王宗堯　撰稿｜李由之

You Will Never Walk Alone

「社會有事發生，文化和藝術要發聲，唔只係講一個主旋律，或者宣傳虛假事實。」

6.9

攝影 偉豪

「你會不會陪我一起走下去？」

香港電視劇集《選戰》中，競逐首任女行政長官的葉晴（李心潔飾）問張癸龍。

癸龍陪她走下去了，乃至於自己身陷險境。

「六九、六一二、六一六遊行，催淚彈、胡椒噴劑也食過，」王宗堯數說著二〇一九年，每一個香港人都記得的日子，「乃至後來的遊行，我也在。」

他陪了香港抗爭者，也幾近賠上了自己的前途。

二〇二〇年六月九日，被控七月一日「非法進入及逗留立法會」的王宗堯，再被加控「暴動罪」，面對五至十年的刑期，他卻淡然：「我身邊的人會擔心，我自己，還好，要出來就預了，沒太大意外。」

癸龍還是那個有情有義的癸龍，但葉晴卻不是葉晴。

「我最忿不平的是，香港第一個女特首，是林鄭月娥。」

王宗堯的演藝路，和香港民主進程一樣崎嶇。

他早年於台灣發展，拍攝《一年之初》，二〇〇六年上映，電影獲獎無數，但王宗堯乏人知曉。留台六年回港，剛開始也是不順，接拍《喜愛夜蒲》、《一路向西》等商業電影，「演藝人可以拍風花雪月、情情愛愛的東西，生活安穩時可以做，但社會有事發生的時候，文化和藝術要發聲，讓人反思。」王宗堯說。他往後的路，的確也這樣走。

走建制以外的路

香港商人王維基於二〇一二年宣布進軍電視行業，開展「香港電視」，勢與一台獨大的無綫電視競爭，其後宣布邀得李心潔、廖啟智等具實力的演藝人員拍劇，王宗堯也是主要演員之一。奈何，二〇一三年，香港行政會議拒絕向香港電視發免費電視牌照，香港電視沒有免費平台播映，往後引發「港視風波」，大批港人示威，替王維基打抱不平。

「山不轉，路轉。」王宗堯記得，自己在日本拍的《花之戀》，說的是這道理。

未能投得免費電視牌照，香港電視透過網路將此前已製作的劇集播出。二〇一四年，先試牛刀的是李心潔、王宗堯領銜的《選戰》，劇集道出了香港政治黑幕、政黨之間同類互噬、政客的醜劣，屬香港電視業界罕見題材。港人打破以往「睇電視」的習慣，轉以手機、平板電腦追看劇集。王宗堯飾演的競選辦主任張癸龍，有勇有謀、情義兼備，加上王宗堯本身剛陽俊朗的外貌，他隨劇集備受追捧而迅速竄紅。

二〇一五年，香港電視再播出《導火新聞線》，王宗堯由才氣畢露、西裝筆挺的競選辦主任，轉飾吊兒郎當的記者「輝爺」。他在劇集中首次出場，是一名睡在辦公室、不修邊幅、被上司辱罵的記者。

不得不說，無綫電視在早年仍為輝煌的年代中，劇集陪伴港人成長，是市民茶餘飯後討論話題，其新聞報導亦首屈一指，屬為民發聲的渠道之一。然而，自二〇〇〇年後，無綫逐漸衰落，新聞部因親中、親政府立場被冠上「CCTVB」之名，失去公信力，劇集水準亦每況愈下。其電視劇集中出現的「記者」，不是被指罵為「亂寫」、「作新聞」，就是惹人生厭的「狗仔隊」，又或是站在法庭喊問一兩個無聊問題的低能兒。

及至《導火新聞線》，觀眾始見香港記者走在前線、有時以身犯險，兼加在報導時往往有道德掙扎。王宗堯演活了「輝爺」外冷內熱、粗中帶細的記者角色。電視劇大受歡迎，令港視在「民意逼迫」下，二〇一五年決定開拍電影，王宗堯亦再次走上大銀幕，終嚐電影主角滋味。

當時的王宗堯，是炙手可熱的男演員，也是他演藝生涯的最高峰時期。其往後的演藝路，縱不大紅大紫，亦會一帆風順。

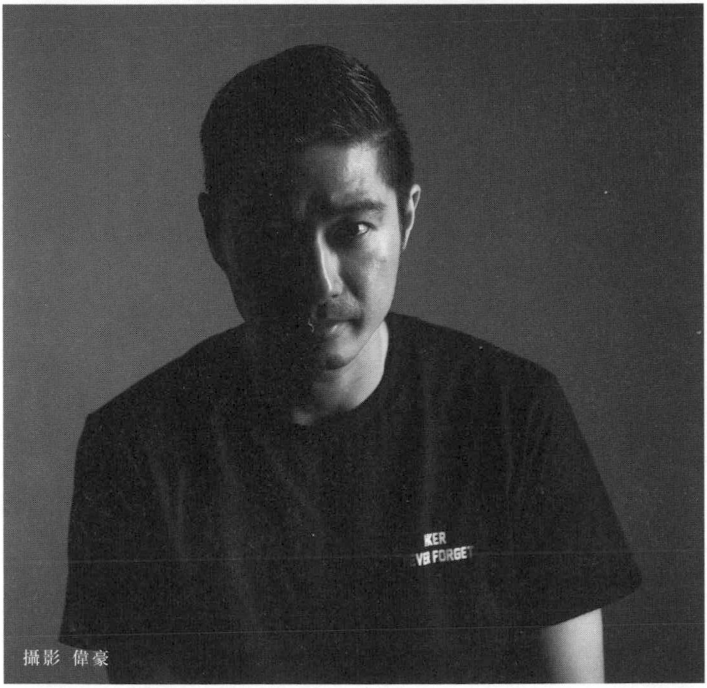

攝影 偉豪

陪著・賠著

二〇一四年，香港因政改之爭爆發「雨傘運動」，示威者包圍立法會七十九日。面對警察的棍擊，當時的年輕人是連扔磚頭也未學會的標準「和理非」。已走紅的王宗堯，其時現真身在現場支持，更上載相片以證，「陪他們走這條民主路。」王宗堯說。

往後，王宗堯因其親民主取態、敢於發聲反政府、出席示威活動，被港人封為「香港男神」。然而，於「傘後時代」，中國音樂、電影市場全面封殺「黃色藝人」，在中、港合拍片盛行的年代，電影投資者一見黃秋生、杜汶澤、何韻詩、黃耀明等藝人立馬撇手，王宗堯也沒有例外，「他們很久沒找我拍電影了。」二〇二〇年的王宗堯說。

他近年多接拍本地電視劇集，鮮有參與大製作。

走下去・走進去

及至二〇一九上半年，香港政府修訂《逃犯條例》，「那時已很擔心，可能是危害國家安全，勾結外國勢力，或任何一個對國家有害的人，都有機會被送到內地審訊。」在號稱百萬人大遊行的六月九日、催淚彈橫飛的六月十二日、二百萬零一人大遊行的六月十六日，王宗堯都在場，也親見年輕人扔磚頭、雜物，「對比警察的武力升級、制度暴力，」王宗堯說，「政府扼殺他們自由、未來、人權，這地方壞了，他們沒能力離開，如何維生？」對年輕人表示理解。

二〇一九年七月一日，香港回歸二十二周年，港府首次以「閉門」形式舉行升旗禮。當日民陣一如以往，號召下午三時舉行「七一大遊行」，屬傳統「和理非」行動，一班激進年輕人不欲參與，選擇嘗試早上到金紫荊廣場衝擊升旗禮，換來警方棍如雨下及催淚煙反擊。至下午十二時，留守立法會的示威者，決定衝擊立法會。

那天，王宗堯參與的大遊行，是一場合法、獲警方發出不反對通知書的遊行。及至晚上七時，示威者攻入立法會，在內的警方卻突然撤退，令立法會內真空。王宗堯於相約時間到達現場，他在立法會外見到一個開著掛「中港跨境車牌」車輛的男子在現場尋找兒子，「我勸那爸爸走入去找、陪他，因現在強行拉走他，孩子未必願意聽，你要去找他，要放下父母的責備，你最想小朋友安全，小朋友不是吸毒、墮落，他們只是覺得，未來是他們的……」然而，其時無人知曉立法會內是否真無警員，還是引君入甕；再者，當時外面已有一眾示威者及立法會議員提醒：只要進入立法會，即違反「進入或逗留在會議廳範圍」罪行。是故，當晚留在外面的人，遠較進入的人多。

在立法會內的人其後出現不同狀況：有死士不願離開，欲留下以示明志；亦有不忍的人進入立法會把死士抬離；有年輕人不懂法律誤闖；也有留守於內的紀錄片攝影師缺乏電源……

「我們這一代人，在制度上，我們爭取的取向溫和，你後來會知道是溫水煮蛙，」王宗堯引例，人大多次釋法、取消參選人參選資格、西九高鐵站實施「一地兩檢」，「很多事情我們還停留在雨傘運動時，其實我們這一代，做得不夠好，變相令年輕人今次更堅定、勇敢。」

走上新聞線的輝爺

往後的，便是法庭新聞。

二〇一九年九月，王宗堯被警方以「串謀刑事毀壞」和「進入或逗留會議廳範圍」罪名拘捕。及後，只被控進入或逗留會議廳範圍罪名，王宗堯說：「他們沒有足夠證據控告我串謀刑事毀壞。」而進入及逗留立法會，按例可被處罰款兩千元及監禁三個月。

案件排期審訊，至二〇二〇年六月九日，即反修例百萬人大遊行一周年，王宗堯被加控「暴動罪」，是五至十年監禁的重罪。「律政司，英文是Department of Justice，」負笈英國的王宗堯反問：「個Just（公義）在哪？」

截稿前，案件仍未有定案，王宗堯說，加控暴動罪令他身邊人擔心，他自己則「預了，沒有太大意外」。「香港男神」面臨變為階下囚，值得不值得？

「我由以前已都覺得，如一個人去得到某些利益，不一定是最好，」王宗堯眼神堅定，「如你有能力再去幫人，你幫的能力是有限的，但如果一起爭取，互相幫忙，將餅做大，你希望一個人要了一整個小餅？還是大家有很大塊餅，然後我自己用合理能力爭取我值得的一塊，那便夠了。」

但事實是，演藝界沒有很多王宗堯，更多的，是為自己著想、僅為自己著想的從業員。王宗堯說，內地對香港演員封殺愈加厲害，「林夕也變了『無名氏』，去了台灣，」電影人對演員的制約愈加嚴厲，「現在開始推行的，是要簽約：你要保證五至十年不做危害國家安全的事。此前是自我審查，演員要接受潛規則，但現在要寫明、要簽約，而且追溯期長，五至十年他都可以告你違約，可以罰錢。」

三十年的never walk alone

經歷一整年的運動，肺炎疫情，再加上《港區國安法》在二〇二〇年六月三十日實施，王宗堯與很多港人一樣，曾經感動、曾經生氣、曾經傷心到睡不著。一整年的低氣壓，惟一令他安慰的，是其所支持的英超球隊利物浦，終於在二〇二〇年六月，在疫情可能取消整個賽季的陰霾下，苦等三十年，首次奪得英超冠軍。

其實，也是「行」的道理，「我在日本拍劇，說的是『山不轉路轉』。」距正式開庭前兩個月，他逐一數說自己的演藝路：「正式回來香港，拍的第一個廣告，是JOHNNY WALKER，宣傳口號是：『KEEP WALKING』。」及至拍《選戰》，劇集主旨是李心潔飾演的葉晴，在重重阻撓下競選行政長官，常問王宗堯飾演的癸龍：「會否陪我一起走下去？」王宗堯說：「我自己一路好相信，『行落去』（走下去），經常和我生命交錯，已變成我一個信念。」

我們可能見證男神身陷囹圄，也可能預見未來會愈來愈多打壓，政府紅線愈收愈緊，但我們也許不必再問王宗堯會不會陪我們走下去，因王宗堯愛隊利物浦的會歌，正是〈You Will Never Walk Alone〉。

2020.7.1

攝影 香沫路

後記 明天會更好

我們「傘下的人」，有幸來到台灣。

從事藝術的家父早年駐台工作，回港後，他亦多留意台灣新聞、文化、音樂，我耳濡目染。〈明天會更好〉是小時候常聽到的歌曲，雖當時不諳國語，但聽著不同歌手以不同的腔調唱出，委實有趣，且看其歌名也能顧名思義。後來長大了，知道歌詞：「唱出你的熱情／伸出你的雙手／讓我擁抱著你的夢」。

父親補充，這首歌，是台灣國民黨政府一九八五年慶祝「光復」四十周年時首播。如按《詩經》分類，屬於被當權者使用的「頌」。

香港，在二〇一九年，經歷了史無前例的反修例運動，年輕人為了他們的理想，在催淚煙中胼手胝足，甚至在黑森森的槍管下也是勇往直前。後來，在肺炎疫情下，香港實施「限聚令」，連同食肆、娛樂，甚至公眾集會都不被允許了。從前在北京眼中的「示威之都」，也因「限聚令」不再。有政黨說，如同戒嚴。

也是二〇一九年底，滾石唱片釋出了羅大佑〈明天會更好〉的原詞：

「嘶啞著你的咽喉／發出一陣怒吼／讓我們撕碎這舊世界」。

後來有人翻查史料，原來歌詞更改，實因台灣當年尚未解嚴，原詞被認為過於灰暗，後來由所謂音樂、文化界人士加以所謂的潤飾，就有了傳唱三十四年的版本。足足三十四年。莫說仍然封閉的中國大陸，原來，即便連一衣帶水的香港的我們也誤解了這首歌。

原來是「風」，出自民間，也有「諷」的成份。

而當原版歌詞解封後，中、港、台三地華語地區亦有反響，有人重唱原版歌曲，並配上《牯嶺街少年殺人事件》有關台灣戒嚴時期的片段，讓原版歌曲再一次活過來。

翻案的爆炸力，不比原作少。縱使，我們聽了三十四年的和諧之音。

本書寫在《港區國安法》生效前，編訂於生效後，內容是否要改動、增刪，曾困擾我們。然而，與其煞費思量研究最終由中央擁釋法權的條文，我們最後決定原文刊出，不作增刪。

原因有三：

一、我們只是紀錄者，從未參與或介入任何行動、組織、亦從未策劃任何計劃；

二、我們一介書生，欠缺煽動、干擾、攻擊機構，甚或顛覆政權的能力或意圖；

三、本書避秦，到台灣出版，整個過程我們沒收取台灣或外國機構一分一毫資助。

也是〈明天會更好〉的經歷讓我們知道，若時不予我，有時可以做的，就是養浩然之氣，主旋律儘管就由他們吹奏。

然而，當文字一日不滅，紀錄者一息尚存，真相總會有曝光的一天，哪怕是三十四年。紀錄，只有字與紙，黑與白。不存在上大人可乘虛詮釋的空間。

李由之

二〇二〇年七月六日

我們的最後進化
Our Last Evolution

作　　者　傘下的人
圖片提供　傘下的人、高仲明、香沫路、Paul Yeung、Ramsey Au、Wing Tung、Jackie Yip
編　　輯　木、劉霽
圖像編輯　葉希
美術設計　林峰毅

出　　版　一人出版社
地　　址　臺北市南京東路一段二十五號十樓之四
電　　話　(02)25372497
網　　址　Alonepublishing.blogspot.com
信　　箱　Alonepublishing@gmail.com

總 經 銷　聯合發行股份有限公司
電　　話　(02)2917-8022
傳　　真　(02)2915-6275

二〇二〇年八月　初版
定　　價　新臺幣 365 元

國家圖書館出版品預行編目 (CIP) 資料

我們的最後進化 / 傘下的人作
-- 初版 . --
臺北市 : 一人 , 2020.8
280 面 ; 12.8×19 公分
ISBN 978-986-97951-3-5(平裝)
1. 社會運動 2. 政治運動 3. 香港特別行政區
541.45　　　　109009316